Wolfgang Rieß

Sternstunden Religion

Bibelarbeit

Besondere Ideen und Materialien
zu den Kernthemen des Lehrplans

Auer Verlag

Die Internetadressen, die in diesem Werk angegeben sind, wurden vom Verlag sorgfältig geprüft (Redaktionsschluss Januar 2013). Da wir auf die externen Seiten weder inhaltliche noch gestalterische Einflussmöglichkeiten haben, können wir nicht garantieren, dass die Inhalte zu einem späteren Zeitpunkt noch dieselben sind wie zum Zeitpunkt der Drucklegung. Der Auer Verlag übernimmmt deshalb keine Gewähr für die Aktualität und den Inhalt dieser Internetseiten oder solcher, die mit ihnen verlinkt sind, und schließt jegliche Haftung aus.

Hinweisen an info@auer-verlag.de auf veränderte Inhalte verlinkter Seiten werden wir selbstverständlich nachgehen.

Abkürzungen

AB	Arbeitsblatt
B	Baustein
GA	Gruppenarbeit
Jg.	Jahrgangsstufe
L	Lehrerin und Lehrer
PA	Partnerarbeit
Sch	Schülerinnen und Schüler
STA	Seitentafel
TA	Tafel / Tafelarbeit
UE	Unterrichtseinheit im weiten Sinn (Einzel- oder Doppelstunden)

Gedruckt auf umweltbewusst gefertigtem, chlorfrei gebleichtem
und alterungsbeständigem Papier.

1. Auflage 2013
Nach den seit 2006 amtlich gültigen Regelungen der Rechtschreibung

Illustrationen: Thorsten Trantow
Satz: krauß-verlagsservice, Augsburg
Druck und Bindung: Kessler Druck + Medien, Bobingen
ISBN 978-3-403-**07120**-4

www.auer-verlag.de

Inhaltsverzeichnis

Eine Besonderheit dieses Sternstundenbandes liegt darin, dass er Materialien für die Jahrgangsstufen 5 bis 10 bietet. Der Grund dafür liegt in der unterschiedlichen Platzierung des Themas Bibel in den Lehrplänen der Sekundarstufe I. Die angeführten Angaben sind daher nur als „Richtwerte" zu verstehen. Die meisten Bausteine lassen sich mit kleineren, ggf. auch größeren Anpassungen auch in anderen als den angegebenen Jahrgangsstufen einsetzen. Im Übrigen dürfen Lehrer jüngere Schülerinnen und Schüler gelegentlich durchaus „fordern" und älteren Schülern immer wieder Gelegenheit geben, ihr Grundwissen durch Wiederholung zu sichern.

Ausgearbeitete Stundenentwürfe mit Kopiervorlagen und Arbeitsblättern sind sehr beliebt und finden immer wieder große Zustimmung und Anerkennung.

Dennoch sollen einige Metaphern auf das richtige Verständnis dieser Stundenentwürfe aufmerksam machen.

Stundenentwürfe sind wie …

Aufwinde … die Segelflugzeugen Flügel verleihen

Bälle … mit denen man spielen kann

Blumensträuße … man muss sie in einer Vase schön arrangieren

Kostbarkeiten in einer Schatztruhe

… man muss auswählen, womit man sich schmücken will

Angefangene Sätze … man muss sie zu Ende führen

Wechsel auf die Zukunft … man muss sie selbst einlösen

Stadtpläne … man muss eine Adresse haben, um den Weg zu finden

Bäume … man muss sie immer wieder beschneiden

Glatte Wasseroberflächen … man muss die Untiefen erkennen

1. Ein altes Buch wird neu entdeckt *(Jg. 5–7)*

Längerfristige Vorbereitung

- Zu Beginn sollte überlegt werden, ob der Besuch eines Bibelmuseums möglich ist. Bibelmuseen sind der Geschichte und der Verbreitung der Bibel gewidmet. Sie geben meist einen Einblick in die Lebenswelt und Kultur der Menschen des Nahen Ostens zur Zeit Jesu sowie des Alten Israel, um so die Erzählungen der Bibel besser verständlich zu machen. Bibelmuseen gibt es z. B. in Barth / Ostsee, Frankfurt, Meersburg, Münster, Nürnberg, Neustadt an der Weinstraße, Rietberg, Schleswig, Wuppertal. Eine Übersichtskarte aller Bibelzentren in Deutschland findet sich im Internet: http: // www.dbg.de / navi / wir-in-deutschland / bibelzentren-in-deutschland.html
- Unterschiedliche Institutionen (religionspädagogische Medienstellen, Bibelwerke, Pfarreien) bieten „Bibelkoffer" zur Ausleihe an. Im Internet können die Adressen ausfindig gemacht werden. Die Inhaltslisten dieser Koffer sind auch hilfreich für die Zusammenstellung eines eigenen Bibelkoffers.
- Wenn eine biblische Bibliothek (**UE 4**) gebastelt oder eine Bibelausstellung (**UE 5**) geplant oder ein Projekt „Bibel-Plakate / Poster" (**UE 21**) gestartet werden soll, ist eine längerfristige Vorbereitung einzukalkulieren.

Vorbereitende Hausaufgabe

- L: Bringt zur nächsten Stunde euer Lieblingsbuch von zu Hause mit und stellt es kurz vor: Dieses Buch ist mein Lieblingsbuch, weil …

Motivation / Themenfindung

Variante 1

- Sch stellen ihre Lieblingsbücher mit Titel und Autor vor und begründen ihre Wahl:
  Dieses Buch ist mein Lieblingsbuch, weil …
  Auch L kann sein Lieblingsbuch vorstellen.
- Sollte das Buch „Die unendliche Geschichte" von Michael Ende eines der vorgestellten Bücher sein, erbittet L sich von dem betreffenden Sch das Buch und liest daraus den Abschnitt „Das Buch aller Bücher" (vgl. **B 1**) vor.
  Anderenfalls stellt L selbst das Buch vor (vgl. **B 2**) und liest den Abschnitt „Das Buch aller Bücher" vor (**B 1**).
- L: Von welchem Buch ist Bastian so fasziniert?
  Sch bringen ihr Vorwissen ein.
  L bringt Lehrerinformation „Michael Ende, Die unendliche Geschichte" (**B 2**) ein.

Variante 2

- L schreibt Reizwörter (**B 3**) an TA (oder hängt / legt sie als Poster / OHP-Folie auf).
  Sch lesen.
- L: Diese Wörter gehören zu einer Geschichte. Was könnte in dieser Geschichte passiert sein?
  Sch lassen ihrer Fantasie freien Lauf.
  L: Die Wörter stammen aus einer Erzählung, die in der Bibel steht.
  Sch äußern Erstaunen oder gutes Vorwissen.
  L liest / erzählt „Jesus hat sogar Einfluss auf den Wind und das Wasser" (Mk 4,35–41) in der Übersetzung der Volxbibel, einer Opensource-Bibelfassung, bei der Altes und Neues Testament in einer Sprache bearbeitet werden, die von Jugendlichen verstanden werden soll und Bezüge zur Moderne herstellt (**B 4**).
  Sch nehmen Stellung.
- L: Ihr seht, man kann einen alten Bibeltext durch eine aktuelle Übersetzung ganz neu entdecken. Das wollen wir in den nächsten Stunden versuchen – die Bibel neu zu entdecken.

Erarbeitung

- L: Wenn ich das Wort „Bibel" höre, denke ich an … – Notiert eure Ideen in Form eines Brainstormings.
  Je nach Situation kann L beim Notieren der Sch-Ideen schon eine Grobgliederung vornehmen, z. B.:

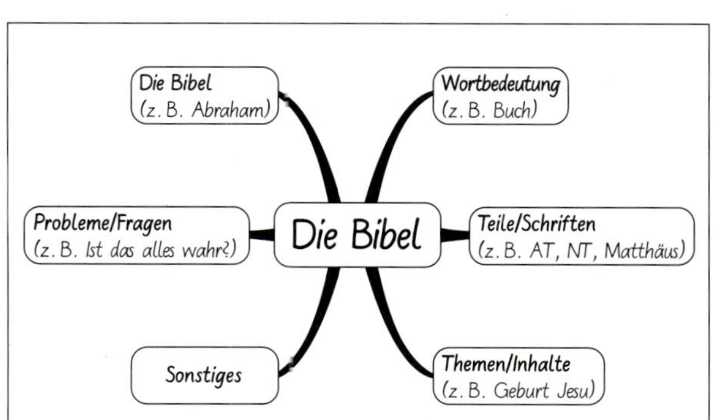

Alternativ

- L: Seit Hunderten von Jahren werden Menschen von einem Buch in den Bann gezogen. Es ist das mit Abstand am weitesten verbreitete Buch der Welt – die Bibel.
  L: Sammelt Vermutungen und Begründungen, die euch spontan einfallen. „Die Bibel fasziniert Menschen, weil …" (STA)

Transfer

- L legt Karikatur „Wir sollten mit ihm zum Kinderpsychologen gehen" (**B 5**) als Folie auf.
- L: Formuliert die „Botschaft" der Karikatur mit eigenen Worten.
  Sch z. B.: Das Kind liest in der Bibel, während die Erwachsenen fernsehen.
- L deckt den linken Teil des Bildes (Fernseher und die Erwachsenen auf dem Sofa) ab: Dieses Buch, für das sich das Kind mehr als für das Fernsehen interessiert, ist das Thema der nächsten Stunden.

Hausaufgabe

- L: Macht bei euren Eltern / Verwandten / Bekannten eine kleine „Umfrage zum Thema Bibel / Neues Testament". Notiert die Antworten auf dem Fragezettel oder nehmt sie mit Mikrofon und Aufnahmegerät auf (**B 6**).

Folgestunde
Motivation / Themenfindung

- L erzählt / liest: „Robinson macht eine Entdeckung" (**B 7**).
  Sch bringen Vorwissen ein.

Auswertung der Umfrage zum Thema Bibel / Neues Testament

- L: Ihr habt bei euren Eltern / Verwandten / Bekannten eine kleine „Umfrage zum Thema Bibel / Neues Testament" gemacht. Berichtet oder spielt die Ergebnisse ein (**B 6**).
  Sch erzählen / lesen vor / spielen ein Antworten auf dem Fragezettel.
  L sammelt interessante Aussagen auf einem Poster.

Zusammenfassung / Hausaufgabe

- L: Mit beeindruckendem Abstand ist die Bibel das am meisten verbreitete Buch der Welt. Seit 1815, so das Guinnessbuch der Rekorde, wurden rund 2,5 Milliarden Exemplare der Bibel weltweit abgesetzt.
  L trägt den Infotext „Ein faszinierendes Buch" (**B 8**) vor.
  L betont / notiert die Lückenwörter an TA (**B 9** unten).
- Sch bearbeiten AB „Ein faszinierendes Buch" (**B 9**).

B1

Das Buch aller Bücher

Bastian wurde sich bewusst, dass er die ganze Zeit schon auf das Buch starrte, das Herr Koreander vorher in Händen gehalten hatte und das nun auf dem Ledersessel lag. Er konnte einfach seine Augen nicht abwenden davon. Es war ihm, als ginge eine Art Magnetkraft davon aus, die ihn unwiderstehlich anzog.
Er näherte sich dem Sessel, er streckte die Hand aus, er berührte das Buch – und im gleichen Augenblick machte etwas in seinem Inneren „klick!“, so als habe sich eine Falle geschlossen. Bastian hatte das dunkle Gefühl, dass mit dieser Berührung etwas Unwiderrufliches begonnen hatte und nun seinen Lauf nehmen würde …
Wer niemals ganze Nachmittage lang mit glühenden Ohren und verstrubbeltem Haar über einem Buch saß und las und las und die Welt um sich her vergaß, nicht mehr merkte, dass er hungrig wurde oder fror –
Wer niemals heimlich beim Schein der Taschenlampe unter der Bettdecke gelesen hat, weil Vater oder Mutter oder sonst irgendeine besorgte Person einem das Licht ausknipste mit der gut gemeinten Begründung, man müsse jetzt schlafen, da man doch morgen so früh aus den Federn sollte –
Wer niemals offen oder im Geheimen bitterliche Tränen vergossen hat, weil eine wunderbare Geschichte zu Ende ging und man Abschied nehmen musste von den Gestalten, mit denen man gemeinsam so viele Abenteuer erlebt hatte, die man liebte und bewunderte, um die man gebangt und für die man gehofft hatte, und ohne deren Gesellschaft einem das Leben leer und sinnlos schien –
Wer nichts von alledem aus eigener Erfahrung kennt, nun, der wird wahrscheinlich nicht begreifen können, was Bastian jetzt tat.
Er starrte auf den Titel des Buches und ihm wurde abwechselnd heiß und kalt. Das, genau das war es, wovon er schon oft geträumt und was er sich, seit er von seiner Leidenschaft befallen war, gewünscht hatte: Eine Geschichte, die niemals zu Ende ging! Das Buch aller Bücher!
Er musste dieses Buch haben, koste es, was es wolle!

Aus: Michael Ende, Die unendliche Geschichte

B2

Michael Ende, Die unendliche Geschichte – Lehrerinformation

Michael Ende erzählt uns von einem Jungen, Bastian, der in einem Buch liest, der „Unendlichen Geschichte“. Er verfolgt lesend die Geschichte vom drohenden Untergang Phantasiens, bis er selbst in die Handlungsstränge mit einbezogen wird, denn nur er kann das Land vor dem Nichts retten. Während des Lesens schon stößt er auf die – verdoppelte – unendliche Geschichte als Buch im Buch, und Phantasien entpuppt sich als Geschichte, die in einem Buch aufgeschrieben steht und von einem Jungen gelesen wird. Bastian wird selbst zum Protagonisten, und muss nun, seinerseits geheimnisvollen Regeln und Gesetzen folgend, verschiedene Aufgaben meistern, ferne Orte besuchen, Rätsel lösen, fantastische, lustige oder monströse Gestalten treffen, und eben selbst nun Abenteuer bestehen, denen allesamt etwas Geheimnisvolles, etwas Fantastisches anhaftet, was die große Verzauberung an diesem Buch ausmacht.
Von der „Unendlichen Geschichte“ kann man Parallelen ziehen zu anderen Büchern und zu anderen „unendlichen“ Geschichten, z. B. zu 1001 Nacht und zur Bibel. Die Unendlichkeitsgedanken des Buches, die sich z. B. in der Unabgeschlossenheit mancher Kapitel zeigen, rufen den Leser auf, die begonnenen Geschichten weiterzuspinnen. Zum Sprachspiel des Buches gehört, dass Michael Ende das Buch, nach einer Art Vorgeschichte, in 26 Kapitel einteilt, und an deren Beginn der Reihe nach die Buchstaben des Alphabets setzt.
Die erste Auflage des Buches im September 1979 betrug lediglich 20 000 Exemplare. Bis zum Tod von Michael Ende im Jahr 1995 steigerte sich die Auflagenzahl auf 5,6 Millionen. 30 Jahre nach seinem Erscheinen ist „Die unendliche Geschichte“ in über 40 Sprachen übersetzt.

B3

… und düsten los …
… ein Wahnsinns-Sturm …
… bekamen Muffensausen …
… Hör auf, so zu brüllen! …
… warum habt ihr so einen Schiss? …
… Boah, was ist das nur für ein Typ! …

B4

Jesus hat sogar Einfluss auf den Wind und das Wasser (Mk 4,35–41)

Abends meinte Jesus zu seinen Leuten: „Kommt, lasst uns mit dem Boot auf die andere Seite vom See fahren!"

Seine Freunde schickten die Menschen nach Hause, stiegen zu ihm ins Boot und düsten los. Ein paar Boote folgten ihnen aber.

Plötzlich ging ein Wahnsinns-Sturm los. Die Wellen waren sehr heftig, das Wasser schwappte über die Bootskante, bis es schon fast voll gelaufen war.

Jesus schlief dabei die ganze Zeit seelenruhig hinten im Boot auf einem großen Kissen. Die Freunde von Jesus bekamen Muffensausen, sie weckten ihn schließlich und schrien: „Meister, ist dir das total egal, wenn wir hier jetzt alle ersaufen?"

Jesus sprang auf, stellte sich an Deck gegen den Wind und redete mit ihm: „Ich warne dich! Hör auf, so zu brüllen!" Sofort wurde der Wind ruhig und alles war totenstill.

Zu den Jüngern meinte er nur: „Sagt mal, warum habt ihr so einen Schiss? Habt ihr denn immer noch kein Vertrauen in Gott?"

Völlig verdattert flüsterten sie untereinander: „Boah, was ist das nur für ein Typ! Sogar die Wellen und der Wind tun das, was er ihnen sagt!"

http://wiki.volxbibel.com/

B5

B6

Umfrage zum Thema Bibel / Neues Testament

Besitzen Sie eine Bibel oder ein Neues Testament?

Wie kam sie/es in Ihren Besitz?

Kennen Sie eine Geschichte, die in der Bibel steht?

Die Bibel ist wichtig, weil …

B7

Robinson macht eine Entdeckung

Das berühmte Buch „Robinson Crusoe“ von Daniel Defoe erzählt die Geschichte eines Seemanns, der als Schiffbrüchiger mehrere Jahre auf einer einsamen Insel verbringt. Bei einem gestrandeten Schiff findet Robinson unter den geretteten Gegenständen auch einige Bücher, darunter eine Bibel. Trotz einer schweren Erkrankung beschließt er, darin zu lesen.

Als ich das Buch zufällig aufgeschlagen hatte, waren folgende die ersten Worte, die ich las: „Rufe mich an in der Stunde der Not und ich werde dich erretten, und du wirst mich lobpreisen.“
Diese Worte passten vollkommen auf meine Lage; in dem Augenblick, wo ich sie las, berührten sie mein Inneres. Diese Worte waren etwas, das für mich in weiter Ferne lag, und mir so unmöglich schien, dass ich zu sprechen begann: „Kann Gott mich selbst von diesem Ort befreien?“ Und obwohl Verzweiflung in meiner Seele Oberhand gewann, so machten die Worte dennoch einen tiefen Eindruck auf mich und ich dachte häufig über sie nach.
Bevor ich schlafen ging, tat ich, was ich in meinem Leben noch nicht getan hatte; ich warf mich auf die Knie und bat Gott, die Verheißung, dass er mich erretten wolle, wenn ich in der Stunde der Not zu ihm riefe, wahrzumachen.
Wenige Tage später ließ mein Fieber nach und, obwohl ich immer noch auf dieser Insel festsaß, fiel mir ein, dass ich mit meinem aussichtslosen Zustand so sehr beschäftigt gewesen war, dass ich die mir soeben erwiesene Gnade darüber vergessen hatte.
„Bin ich nicht auf wunderbare Weise von einer Krankheit errettet worden, von der beklagenswertesten Lage des Lebens, die man sich nur denken kann, und die so fürchterlich für mich war? Gott hat mich errettet und ich habe ihn nicht gepriesen. Ich habe die Rettung nicht eingestanden. Wie sollte ich eine noch größere erwarten dürfen?“
Diese Betrachtungen drangen tief in mein Herz, ich warf mich auf die Knie und dankte Gott mit lauter Stimme, dass er mich von tiefer Krankheit befreit habe.
Seitdem nahm ich des Morgens meine Bibel zur Hand und begann mit dem Neuen Testament. Ich machte es mir zum Gesetz, es jeden Morgen und jeden Abend zu lesen, ohne mich an eine gewisse Anzahl an Kapiteln zu binden, sondern so lange weiterzulesen, wie ich könne.

Daniel Defoe, Robinson Crusoe

Ein faszinierendes Buch – Infotext

Die Bibel ist das meistverbreitete Buch der Welt. Seit 1815, so das Guinnessbuch der Rekorde, wurden rund 2,5 Milliarden Exemplare der Bibel weltweit abgesetzt. Kein anderes Buch der Welt erreicht auch nur annähernd solch hohe Auflagenzahlen. Neben der Verbreitung wird auch die Anzahl der Übersetzungen der Bibel von keinem anderen Buch der Weltliteratur auch nur annähernd erreicht. In 392 Sprachen war im Jahr 2001 eine komplette Bibel erhältlich. Das Neue Testament gibt es sogar in 1012 Sprachen. Insgesamt lagen im Jahr 2001 Bibeltexte in 2287 Sprachen vor. Mit der Übersetzungstätigkeit ist noch lange nicht Schluss. Gegenwärtig wird weltweit an 672 Übersetzungen gearbeitet. Kein Buch ist so oft verfilmt worden wie große Teile der Bibel. Unzählige Menschen lesen täglich in der Bibel.

Und dennoch liegt die Bibel bei uns oft unbeachtet in einer Ecke, als abgegriffenes Exemplar aus dem Religionsunterricht; als Familienerbstück, mit schönem „Rücken" im Bücherschrank. Für viele ist die Bibel ein versunkener Schatz geworden. Vielleicht scheuen sie die Begegnung mit ihr, weil sie manche Geschichten bis zum Überdruss gehört haben. Adam und Eva? Man wird von der allzu vertrauten Geschichte gelangweilt. Die Weihnachtsgeschichte? Bis zur Unkenntlichkeit verkitscht. Doch ohne Kenntnis der Bibel lässt sich die Frage nach dem Sinn des Lebens nicht beantworten, das Gespräch mit anderen Religionen erst gar nicht beginnen.

Im Augenblick ist die Bibel vielleicht so etwas Ähnliches wie eine Flaschenpost, die eine lange Reise hinter sich gebracht hat. Die äußere Hülle mag ein wenig ramponiert sein, vielleicht ist auch die Botschaft in einer zunächst fremden Sprache geschrieben. Aber der Inhalt ist taufrisch und hochaktuell, wenn man sich auf ihn einlässt.

Foto: © marog-pixcells #43995907

Ein faszinierendes Buch

B9

Die Bibel ist das ______________________ Buch der Welt. Seit 1815, so das Guinnessbuch der Rekorde, wurden rund ________________ Exemplare der Bibel weltweit abgesetzt. Kein anderes Buch der Welt erreicht auch nur annähernd solch hohe Auflagenzahlen. Neben der Verbreitung wird auch die Anzahl der ________________ der Bibel von keinem anderen Buch der Weltliteratur auch nur annähernd erreicht. In 392 Sprachen war im Jahr 2001 eine komplette Bibel erhältlich. Das Neue Testament gibt es sogar in ________________. Insgesamt lagen im Jahr 2001 Bibeltexte in 2287 Sprachen vor. Mit der Übersetzungstätigkeit ist noch lange nicht Schluss. Gegenwärtig wird weltweit an 672 Übersetzungen gearbeitet. Kein Buch ist so oft ______________ worden wie große Teile der Bibel. Unzählige Menschen lesen täglich in der Bibel.

Und dennoch liegt die Bibel bei uns oft ______________ in einer Ecke, als abgegriffenes Exemplar aus dem Religionsunterricht; als Familienerbstück, mit schönem „Rücken" im Bücherschrank. Für viele ist die Bibel ein versunkener Schatz geworden. Vielleicht scheuen sie die Begegnung mit ihr, weil sie manche Geschichten bis zum ________________ gehört haben. Adam und Eva? Man wird von der allzu vertrauten Geschichte gelangweilt. Die Weihnachtsgeschichte? Bis zur Unkenntlichkeit verkitscht. Doch ohne Kenntnis der Bibel lässt sich die Frage nach dem ________________________ nicht beantworten, das Gespräch mit anderen Religionen erst gar nicht beginnen.

Im Augenblick ist die Bibel vielleicht etwas so Ähnliches wie eine ________________, die eine lange Reise hinter sich gebracht hat. Die äußere Hülle mag ein wenig ramponiert sein, vielleicht ist auch die ______________ in einer zunächst fremden Sprache geschrieben. Aber der Inhalt ist taufrisch und ________________, wenn man sich auf ihn einlässt.

Foto: © marog-pixcells #43995907

Lückenwörter

1012 Sprachen — hochaktuell — Übersetzungen — 2,5 Milliarden — unbeachtet — meistverbreitete — Botschaft — Sinn des Lebens — verfilmt — Flaschenpost — Überdruss

Füge die Lückenwörter an den richtigen Stellen ein und unterstreiche zwei Sätze, die dir interessant erscheinen.

2. „Warum ist Ihnen die Bibel wichtig?" *(Jg. 5–7)*

Vorbereitung

- L besorgt eine Zeitung und ein Feuerzeug. Sicherungsmaßnahmen (feuerfeste Unterlage, Tuch zum Abdecken und bereitstehendes Löschwasser) werden getroffen. Evtl. muss die Aktion auf den Pausenhof verlegt werden.
- Unter dem Stichwort „Prominente zur Bibel" lassen sich im Internet weitere Äußerungen von bekannten Persönlichkeiten zur Bibel finden.

Motivation / Themenfindung

- L zündet die Zeitung am oberen Ende an, hält sie für kurze Zeit lesend in seinen Händen und löscht dann das Feuer.
  Sch äußern sich.
- L: Eine Zeitung anzuzünden, bedeutet, sie zu zerstören. Überlegt, ob es auch noch etwas anderes bedeuten kann.
  Sch stellen Vermutungen an.
- L legt / hängt Bild „Mann mit brennendem Buch" als Folie / Poster auf (**B 1**).
  Die Sch betrachten und deuten das Bild.
- L: Man könnte zuerst vermuten, dass hier ein Buch verbrannt werden soll. Aber wenn man genauer hinschaut und entdeckt, dass der Mann sehr intensiv in dem Buch liest, bekommt das Feuer eine andere Bedeutung. Überlegt.
  Sch finden Deutungen, z. B.: Das Buch / sein Inhalt leuchtet. Das Feuer ist ein Zeichen für die Bedeutung des Buches. Ein Buch brennt sich dem Leser ein.

Begegnung

- L: Persönlichkeiten des öffentlichen Lebens („Prominente") haben sich immer wieder zur Bibel geäußert. Hier sind zwei Beispiele (**B 2**).
  Sch lesen „Was sagen prominente Persönlichkeiten zur Bibel?" mit verteilten Rollen (**B 2**).
- L: Was beeindruckt euch an diesen Aussagen?
- L: In welchen Stunden des Lebens könnte die Bibel für Menschen von Bedeutung sein?

Vertiefung

- L: Die Bibel ist nicht nur für einzelne Menschen von großer Bedeutung, sie hat auch in der deutschen Sprache Spuren hinterlassen.
- L legt Folie mit Schlagwörtern und Redewendungen aus der Bibel auf (**B 3**).
  Sch lesen.
- Im Gespräch wird die Bedeutung unklarer Schlagwörter und Redewendungen geklärt.

Alternativ

- L legt / hängt das Zitat: „Tradition ist die Weitergabe des Feuers, nicht die Anbetung der Asche!" (Thomas Morus) als Folie / Poster auf (**B 4**).
  Sch nehmen Stellung.

Hausaufgabe

- L: Zu diesem Thema kann man gut im Internet recherchieren.
  L spricht mit Sch Internetadressen und zu lösende Aufgaben ab (**B 5**).

B1

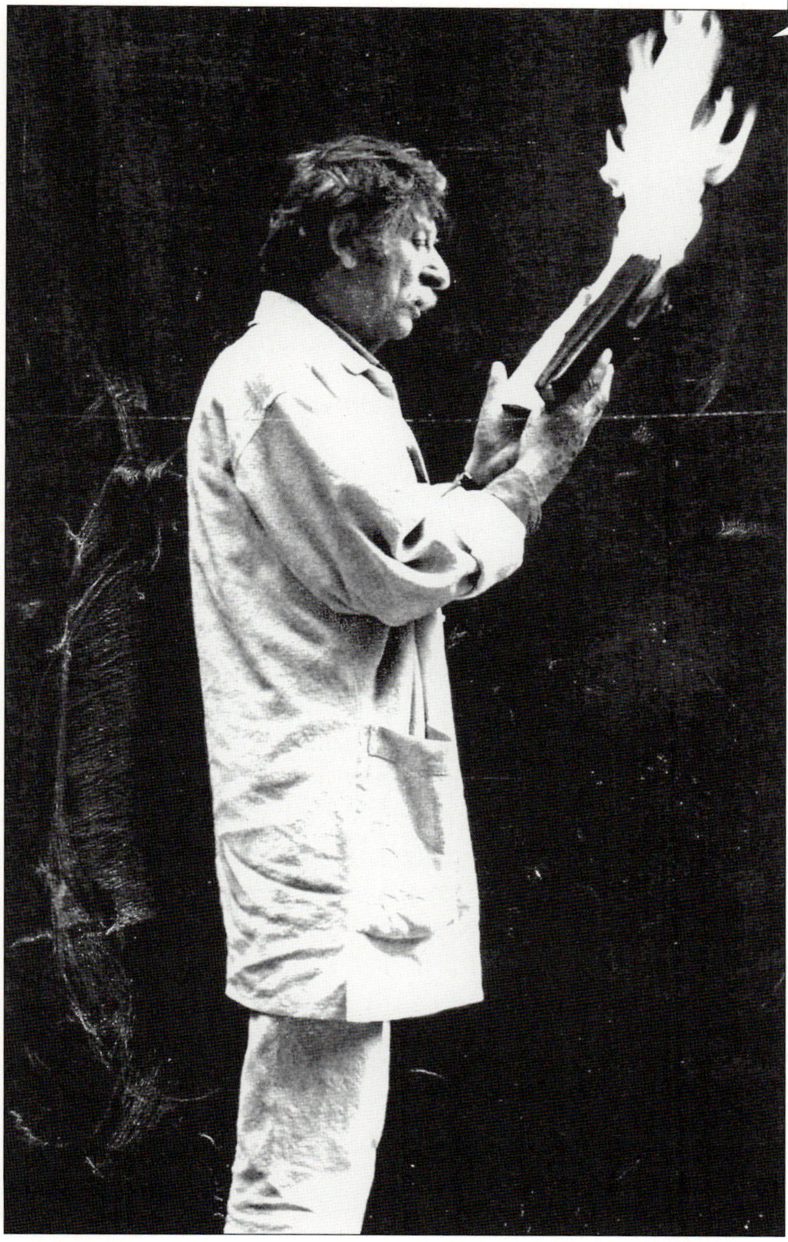

B4

„Tradition ist die Weitergabe des Feuers, nicht die Anbetung der Asche!"

Thomas Morus

B5

Internetadressen

- http://www.bibel.de/
- http://alt.bibelwerk.de/bibel/
- http://www.bibelwerk.de/
- http://www.bibleserver.com/
- http://www.biblionaer.de/
- http://www.bibelquiz.de/
- http://wiki.volxbibel.com/
- http://www.uni-leipzig.de/ru/

Mögliche Aufgaben

- Welche Bibeln (Bibelübersetzungen) gibt es?
- Bibeltexte in unterschiedlichen Übersetzungen herunterladen und ausdrucken
- Bibelquizfragen herunterladen und kopieren bzw. abschreiben
- Bilder zur Bibel suchen und ausdrucken

B2

Was sagen prominente Persönlichkeiten zur Bibel?

Interview mit Peter Hahne

Interviewer:
Herr Hahne, wann haben Sie zuletzt in der Bibel gelesen?

Peter Hahne:
Heute Morgen. Das mache ich jeden Morgen. Ich lese einen kleinen Abschnitt aus der Bibel, weil das für mich so etwas ist wie eine kleine Vitaminspritze für den Tag: Etwas, das einem Mut und Orientierung gibt. Für mich ist die Bibel, bei all den schlechten Nachrichten, die ich sonst im ZDF als Nachrichtenmann zu verkünden habe, eine wirklich gute Nachricht.

Interviewer:
Sie sind also ein richtiger Bibelexperte?

Peter Hahne:
Das glaube ich ganz bestimmt nicht, weil ich die Bibel weniger als Wissensdokument lese, sondern wirklich als etwas, das einem auch Mut gibt für den Tag.

Interviewer:
Sind Sie religiös erzogen worden?

Peter Hahne:
Nein, überraschenderweise nicht. Na ja, ich bin insofern religiös erzogen worden, als dass meine Eltern mich als Kind zum Kindergottesdienst geschickt haben. Es hat sich bei mir erst so entwickelt, dass mich der Glaube überzeugt hat. Ich bin der Meinung, dass der Glaube mit dem Leben zu tun hat und bin durch andere Menschen zur Religion gekommen.

Interviewer:
Haben Sie eine Lieblingsstelle in der Bibel?

Peter Hahne:
Ja, das ist ein Wort im Römerbrief, Kapitel 1 Vers 16: „Denn ich schäme mich des Evangeliums nicht: Es ist eine Kraft Gottes." Das ist ein Zitat des größten Intellektuellen der Antike, nämlich des Apostels Paulus. Er ist als Intellektueller verspottet worden, dass er an Gott, an Jesus und die Auferstehung glaubt. Er war in einer Situation, in der man als Christ, vor allem, wenn man bekannt ist und glaubt, halbwegs intelligent zu sein, immer steckt: dass man angegriffen wird, nach dem Motto „Du bist fromm, du glaubt an so was, das ist doch was für alte Omas." Da finde ich es ganz tröstlich, dass Paulus sagt: „Ich schäme mich dessen nicht!" Und das ist für mich ein Lebensmotto geworden.

Jörg Zink, Theologe

Es gibt Menschen, die die Bibel nicht brauchen. Ich gehöre nicht zu ihnen. Ich habe die Bibel nötig. Ich brauche sie, um zu verstehen, woher ich komme. Ich brauche sie, um in dieser Welt einen festen Boden unter den Füßen und einen Halt zu haben. Ich brauche sie, um zu wissen, dass einer über mir ist und mir etwas zu sagen hat. Ich brauche sie, weil ich gemerkt habe, dass wir Menschen in den entscheidenden Augenblicken füreinander keinen Trost haben und dass auch mein eigenes Herz nur dort Trost findet. Ich brauche sie, um zu wissen, wohin die Reise mit mir gehen soll.

Schlagwörter und Redensarten aus der Bibel

Viele Schlagwörter und Redensarten stammen aus der Bibel.
Hier eine kleine Auswahl:

B3

Auf Sand gebaut haben	Mt 7,26
Auge um Auge, Zahn um Zahn	Ex 21,23–25
Das A und O	Offb 1,8
David gegen Goliat	1 Sam 17
Den ersten Stein werfen	Joh 8,7
Der Geist ist willig, aber das Fleisch ist schwach.	Mt 26,41
Der Mensch lebt nicht vom Brot allein.	Mt 4,4 u. a.
Der Stein des Anstoßes	Röm 9,32; Jes 8,14
Der Tanz um das goldene Kalb	Ex 32
Die Haare zu Berge stehen	Ijob 4,15
Ein Buch mit sieben Siegeln	Offb 6
Ein Herz und eine Seele	Apg 4,32–35
Ein Unglück kommt selten allein.	Ez 7,5
Ende mit Schrecken	Ps 73,19
Mir geht ein Licht auf.	Ijob 25,3
Hochmut kommt vor dem Fall.	Spr 16, 18
Niemand kann zwei Herren dienen.	Mt 6,24
Perlen vor die Säue werfen	Mt 7,6
Ich wasche meine Hände in Unschuld.	Mt 27,24
Seine Zunge im Zaum halten	Jak 1,26
Sodom und Gomorra	Gen 19
Über den Jordan gehen	Jos 3,17

3. Gottes Wort oder Menschenwerk? – Wer hat die Bibel geschrieben? *(Jg. 5–10)*

Vorbereitung

- Die Vorlagen des Wortes „Bibel" (**B 4** und **B 5**) werden als Folienschnipsel gebrannt, sodass sie übereinandergelegt werden können. Die Abbildung **B 6** stellt das Ergebnis des Übereinanderlegens dar. Alternativ kann das Übereinanderlegen auch zeichnerisch an der TA nachvollzogen werden.

Motivation / Themenfindung

- L legt / hängt Bild „Die Übergabe der Offenbarung" (Tafel 1 der Bamberger Apokalypse) (**B 1**) als Folie / Poster auf.
  Eine farbige Vorlage findet sich unter http://commons.wikimedia.org/wiki/File:BambergApocalypseFolio001rJohnReceivesRevelation.jpg?uselang=de
- Sch beschreiben.
  L. bringt ggf. Lehrerinformation „Bamberger Apokalypse" (**B 2**) ein.
- L: So stellten sich die Menschen früherer Zeiten die Entstehung der Bibel vor: Ein Engel Gottes übergibt den Menschen das fertige Buch der Bibel.
  Gottes Wort oder Menschenwerk? – Wer hat eurer Meinung nach die Bibel geschrieben?
  Sch stellen Vermutungen an.
- L: Wie man sich das Verhältnis von Gottes Wort und Menschenwort vorstellen kann, ist das Thema der heutigen Stunde.

Begegnung / Erarbeitung

- L / Sch lesen den Infotext „Jesus – das ursprüngliche Wort Gottes" (**B 3**).
- L: Christen bezeichnen die Person Jesu als „Wort Gottes". Was meinen sie damit?

Vertiefung

- L: Was in der Bibel steht, ist von Menschen erlebt, erzählt, aufgeschrieben und immer wieder gelesen worden – bis heute. Deshalb ist die Bibel „Menschenwort", vielleicht das Wertvollste, was Menschen je aufgeschrieben haben.
  L legt Folie des Wortes „Bibel" (**B 4**) auf OHP oder schreibt das Wort in ähnlicher Schreibweise an TA.
- L: Die Bibel ist nach Überzeugung der Christen aber eine Sammlung von Schriften, die sich Menschen nicht allein ausdenken konnten, sondern die auf Gott zurückgehen, vom ihm geprägt („inspiriert") sind und deshalb „Gottes Wort" genannt werden dürfen.
  L legt neben die erste Folie (**B 4**) die zweite Folie des Wortes „Bibel" (**B 5**) auf den OHP oder schreibt das Wort in ähnlicher Schreibweise an TA.
- L: Was meint ihr, was nun wirklich stimmt? Ist die Bibel Menschenwort oder Gottes Wort?
  Sch nehmen Stellung.
- L schiebt die Folien der beiden Wörter (**B 4** und **B 5**) übereinander (vgl. das Ergebnis **B 6**) oder schreibt die beiden Worte in ähnlicher Weise an TA.
  L: Für Christen gibt es statt „Entweder – Oder" „Gottes Wort **im** Menschenwort".
- L: Wenn Christen also behaupten, die Bibel sei Gottes Wort im Menschenwort, dann stellen sich aber auch Fragen. Was könnte man die Christen fragen?
  Sch finden Fragen (PA), die an TA / Poster notiert werden.

Umsetzung

- L: Gestaltet zu der Überschrift „Gottes Wort im Menschenwort" ein Bild in einer Technik eurer Wahl. Ihr könnt z. B. nur mit zwei Farben arbeiten oder mit Wachsmalstiften ein helles Bild als Grundbild malen, es mit dunklen Stiften übermalen und das helle Bild wieder herauskratzen.
  Die übereinandergelegten Folien mit dem Wort „Bibel" können eine Hilfe sein. Versucht aber eine möglichst eigenständige Gestaltung. (**AB B 7**)
- Das Bild „Skyboots" von G. Hendricks (**in: Folienmappe Einfach Leben 9/10, Bild Nr. 13**) kann als Anregung für eine kreative Umsetzung dienen.

Hausaufgabe

- L: Fragt zu Hause eure Eltern / Verwandten / Bekannten, ob sie eine Bibel haben, bringt sie zur nächsten Stunde mit und erzählt, wem sie gehört und was das für eine Bibel ist.

B1

Die Übergabe der Offenbarung, Bamberger Apokalypse, Tafel 1

B2

Bamberger Apokalypse, Tafel 1

Die Übergabe der Offenbarung – Lehrerinformation

Im letzten Buch des Neuen Testaments, der Offenbarung des Johannes, übergibt Christus die von Gott empfangene Offenbarung durch einen der sieben Engel, die vor dem Angesicht Gottes stehen, an den Seher Johannes (Offb 1,1). In einer krisenhaften Zeit gegen Ende des 1. Jahrhunderts n. Chr. erfahren die Christen, dass für sie Gott zwar nur in Verborgenheit existiert, aber dass er ihnen doch nahe ist. Er bewahrt sie durch alle Katastrophen, durch alles Grauen hindurch.

Diese Übergabe stellt der Buchmaler der Bamberger Apokalypse dar. Dem Seher Johannes wird das, was er erst in Visionen schauen wird, aus dem Himmel heraus in einem Buch übergeben.

Die Bamberger Apokalypse ist der einzige vollständig erhaltene ottonische Bilderzyklus zum letzten Buch der Bibel, eine der bedeutendsten Miniaturhandschriften des Mittelalters überhaupt. Der Kodex enthält außer den Visionen des Sehers Johannes zum Ende der Welt noch die Lesungen zu den Hochfesten des Kirchenjahres und zu einzelnen Heiligen („Evangelistar“). Er entstand vor etwa 1000 Jahren im Bodenseekloster Reichenau. Dort schrieben mehrere Mönche den lateinischen Text auf 106 Pergamentblätter, verschiedene Maler verzierten ihn mit 56 überwiegend ganzseitigen Bildern. Kaiser Heinrich II. und seine Gemahlin Kunigunde stifteten das kostbare Buch dem Bamberger Kollegiatstift St. Stephan wohl zur Weihe 1020. Im Verlauf der Säkularisation kam es in die (heutige) Staatsbibliothek Bamberg.

Die Bamberger Apokalypse wurde 2004 in die Liste des Weltdokumentenerbes der UNESCO aufgenommen.

B3

Jesus – das ursprüngliche Wort Gottes – Infotext

Für Christen ist die Bibel ein ganz besonderes Buch, das sich von allen anderen Büchern unterscheidet. Aber auch für Christen ist die Bibel nicht einfach als Gottes Wort vom Himmel herabgefallen. Der Ursprung der Bibel liegt für Christen in der Person des Jesus von Nazareth. Zu seinen Lebzeiten haben Menschen diesen Jesus als den erlebt, durch den Gott zu ihnen sprach. Für diese Menschen war Jesus selbst damals „Wort Gottes". Nach seinem Tod wurden später die aufgeschriebenen Worte und Taten Jesu zum „Wort Gottes" für die Menschen der folgenden Jahrhunderte. Durch die von Menschen aufgeschriebenen Schriften der Bibel wendet sich Gott an die Menschen von heute, ähnlich wie Jesus damals an die Menschen in Palästina.

B4

Bibel

B5

Bibel

B6

Bibel

Gottes Wort im Menschenwort

B7

Für Christen ist die Bibel ein ganz besonderes Buch, das sich von allen anderen Büchern unterscheidet. Aber auch für Christen ist die Bibel nicht einfach als Gottes Wort vom ______________________ herabgefallen. Der Ursprung der Bibel liegt für Christen in der Person des ______________________________. Zu seinen Lebzeiten haben Menschen diesen Jesus als den erlebt, durch den ____________________ zu ihnen sprach. Für diese Menschen war Jesus selbst damals „____________________ ____________________". Nach seinem Tod wurden später die aufgeschriebenen ________________________________ Jesu zum „Wort Gottes" für die Menschen der folgenden Jahrhunderte. Durch die von Menschen aufgeschriebenen Schriften der Bibel wendet sich Gott an die Menschen ____________________, ähnlich wie Jesus damals an die Menschen in Palästina.

Lückenwörter

Gott — Himmel — Jesus von Nazareth — von heute — Wort Gottes — Worte und Taten

1. Füge die Lückenwörter an den richtigen Stellen ein.
2. Gestalte zu der Überschrift „Gottes Wort im Menschenwort" ein Bild in einer Technik deiner Wahl. Du kannst z. B. nur mit zwei Farben arbeiten oder mit Wachsmalstiften ein helles Bild als Grundbild malen, es mit dunkler Farbe übermalen und das helle Bild wieder herauskratzen.
   Die übereinandergelegten Folien mit dem Wort „Bibel" können eine Hilfe sein. Versuche aber eine möglichst eigenständige Gestaltung.

4. Ein Buch aus vielen Büchern *(Jg. 5–7)*

Vorbereitung

- L: Fragt zu Hause eure Eltern, Verwandten und (oder) Bekannten, ob sie eine Bibel haben und ob ihr sie für die Schule ausleihen dürft. Lasst euch auch erzählen, welche Erinnerungen die Menschen mit ihrer Bibel verbinden.
- L besorgt / leiht möglichst unterschiedliche Bibelausgaben für unterschiedliche Zielgruppen aus (z. B. sehr alte, unleserliche Bibel, Kinderbibel, Jugendbibel, Bilderbibel, Hotelbibel, Truckerbibel, „Schalkebibel", Bibel auf CD-ROM)
- L besorgt Fotos / Wortkarten von den unterschiedlichen Zielgruppen.
- L stellt / legt Tisch und Tischdecke bereit. Auf eine ansprechende und würdige Präsentation der Bibeln sollte geachtet werden.
- L besorgt Klassensatz Bibeln.

Motivation / Themenfindung

- Die Klasse versammelt sich im Stuhl- / Sitzkreis um den vorbereiteten Tisch oder um die Tischdecke auf dem Boden.
- L: Ihr habt Bibeln von zu Hause mitgebracht. Erzählt, von wem ihr die Bibel bekommen habt und welche Erinnerungen die Menschen mit ihrer Bibel verbinden.
  Sch stellen ihre mitgebrachten Bibeln vor.
- Je nach Situation werden die Bibeln herumgereicht und auf den Tisch / die Tischdecke gelegt.
- L stellt die von ihm mitgebrachten Bibeln vor.
- L: Warum gibt es so viele verschiedene Bibelausgaben?
  Sch stellen Vermutungen an.
- L legt Fotos / Wortkarten der verschiedenen Zielgruppen der Bibeln aus.
  L: Ordnet die Bibeln den unterschiedlichen Zielgruppen zu.
- L: Welche Bibel gefällt dir besonders, welche würdest du gerne selbst haben?
- L: Wozu brauchen Menschen solche Bibeln?

Erarbeitung

- L: Es gibt aber nicht nur viele Bibelausgaben, auch die Bibel selbst ist vielfältig. Sie besteht nicht nur aus einem Buch, sondern aus vielen Büchern. Man kann sie mit einer kleinen Bibliothek vergleichen.
- L trägt Informationen „Ein Buch aus vielen Büchern" vor (**B 1**).
- L legt Folie der Grafik „Die Bücher des Alten und Neuen Testaments" (**B 2**) auf.
  Sch lesen.
- L: Die Bücher sind zu Gruppen zusammengestellt. Welche Gruppen findet ihr?
- L: Viele Bücher sind nach ihren vermutlichen / überlieferten Verfassern benannt, andere Bücher nach ihrem Inhalt. Findet Beispiele.

Sicherung / Hausaufgabe

- L: Damit euch die Namen der Bücher der Bibel etwas vertrauter werden, habe ich die Bücher der Bibel zusammengestellt.
  Sch bearbeiten AB „Die Bücher des Alten Testaments auf einen Blick" (**B 3**) und AB „Die Bücher des Neuen Testaments auf einen Blick" (**B 4**) mithilfe von „Die Bücher des Alten und Neuen Testaments" (**B 2**) oder dem Inhaltsverzeichnis einer Bibel.

Ausblick

- Der Tisch mit den Bibeln bleibt ein paar Tage in der Klasse stehen. L / Sch können bei Gelegenheit in den Bibeln etwas nachschlagen und (vor-) lesen.
- Je nach Situation kann der Bibeltisch zu einem Projekt „Bibelausstellung" ausgebaut werden (vgl. **UE 5** Projekt „Bibelausstellung").

B1

Ein Buch aus vielen Büchern – Lehrerinformation

Der Name „Bibel“ stammt aus dem Griechischen und bedeutet „die Bücher“ (biblia), denn die Bibel ist eine Sammlung von 73 Einzelschriften oder „Büchern“. Diese Bezeichnung wurde ins Lateinische übernommen und von dort aus ist sie in alle modernen Sprachen übergegangen. Immer ist damit dieses eine Buch gemeint, das aus vielen Büchern besteht.

Die Bibel wird in zwei große Gruppen eingeteilt: das erste oder Alte Testament und das zweite oder Neue Testament. Das Alte Testament enthält die Schriften, die ursprünglich die Juden und später auch die Christen als Wort Gottes betrachteten.

Das Neue Testament enthält die 27 Schriften, die nach dem Tod und der Auferstehung Jesu von Christen verfasst wurden. Beide, Altes und Neues Testament, sind die Heilige Schrift der Christen.

B2

Die Bücher des Alten und Neuen Testaments

Die Bücher des Alten Testaments auf einen Blick

B3

Die Bücher des Alten Testaments lassen sich zu vier großen Gruppen zusammenfassen:

1. Die fünf Bücher Mose

Das Buch ______________ (Gen)

Das Buch ______________ (Ex)

Das Buch ______________ (Lev)

Das Buch ______________ (Num)

Das Buch ______________ (Dtn)

2. Die Bücher der Geschichte des Volkes Gottes

Das Buch ______________ (Jos)

Das Buch der ______________ (Ri)

Das Buch ______________ (Rut)

Das 1. Buch ______________ (1 Sam)

Das 2. Buch ______________ (2 Sam)

Das 1. Buch der ______________ (1 Kön)

Das 2. Buch der ______________ (2 Kön)

Das 1. Buch der ______________ (1 Chr)

Das 2. Buch der ______________ (2 Chr)

Das Buch ______________ (Esra)

Das Buch ______________ (Neh)

Das Buch ______________ (Tob)

Das Buch ______________ (Jdt)

Das Buch ______________ (Est)

Das 1. Buch der ______________ (1 Makk)

Das 2. Buch der ______________ (2 Makk)

> Trage die Namen der biblischen Bücher ein. Die Abkürzungen geben dir einen Hinweis. Wenn du nicht weiterkommst, schlage im Inhaltsverzeichnis einer Bibel nach.

3. Die Bücher der Lehrweisheit und die Psalmen

Das Buch ______________ (Ijob)

Die ______________ (Ps)

Das Buch der ______________ (Spr)

Das Buch ______________ (Koh)

Das ______________ (Hld)

Das Buch der ______________ (Weish)

Das Buch ______________ (Sir)

4. Die Bücher der Propheten

Das Buch ______________ (Jes)

Das Buch ______________ (Jer)

Die ______________ (Klgl)

Das Buch ______________ (Bar)

Das Buch ______________ (Ez)

Das Buch ______________ (Dan)

Das Buch ______________ (Hos)

Das Buch ______________ (Joël)

Das Buch ______________ (Am)

Das Buch ______________ (Obd)

Das Buch ______________ (Jona)

Das Buch ______________ (Mi)

Das Buch ______________ (Nah)

Das Buch ______________ (Hab)

Das Buch ______________ (Zef)

Das Buch ______________ (Hag)

Das Buch ______________ (Sach)

Das Buch ______________ (Mal)

Die Bücher des Neuen Testaments auf einen Blick

B4

Die Bücher des Neuen Testaments lassen sich zu fünf Gruppen zusammenfassen:

1. Die Evangelien

Das Evangelium nach ______________ (Mt)

Das Evangelium nach ______________ (Mk)

Das Evangelium nach ______________ (Lk)

Das Evangelium nach ______________ (Joh)

2. ______________

Die ______________ (Apg)

3. Die paulinischen Briefe

Der Brief an die ______________ (Röm)

Der 1. Brief an die ______________ (1 Kor)

Der 2. Brief an die ______________ (2 Kor)

Der Brief an die ______________ (Gal)

Der Brief an die ______________ (Eph)

Der Brief an die ______________ (Phil)

Der Brief an die ______________ (Kol)

Der 1. Brief an die ______________ (1 Thess)

Der 2. Brief an die ______________ (2 Thess)

Der 1. Brief an ______________ (1 Tim)

Der 2. Brief an ______________ (2 Tim)

Der Brief an ______________ (Tit)

Der Brief an ______________ (Phlm)

Der Brief an die ______________ (Hebr)

5. Die Katholischen Briefe

Der Brief des ______________ (Jak)

Der 1. Brief des ______________ (1 Petr)

Der 2. Brief des ______________ (2 Petr)

Der 1. Brief des ______________ (1 Joh)

Der 2. Brief des ______________ (2 Joh)

Der 3. Brief des ______________ (3 Joh)

Der Brief des ______________ (Jud)

4. ______________

Die ______________ (Offb)

Trage die Namen der biblischen Bücher ein. Die Abkürzungen geben dir einen Hinweis. Wenn du nicht weiterkommst, schlage im Inhaltsverzeichnis einer Bibel nach.

5. Projekt „Bibelausstellung“ *(Jg. 5–8)*

Vorbereitung

- L informiert sich in einer religionspädagogischen Materialstelle und / oder in einem Bibelmuseum / Bibelhaus über Ausleihe / Ausleihadressen von attraktiven Gegenständen für eine kleine Bibelausstellung.
- L nimmt ggf. Kontakt mit einer Buchhandlung / Bücherei auf zur Ausleihe unterschiedlicher Bibeln.
- L gestaltet nach dem vorgeschlagenen Formular (**B 2**) beispielhaft ein schönes Informationskärtchen zu einer Bibel, die die Schüler von zu Hause mitgebracht haben.

Motivation

- L: Um Menschen von heute zu zeigen, wie wichtig Ereignisse der Vergangenheit gewesen sind und welche Bedeutung sie bis heute haben, planen Museen oft Ausstellungen.
  Eine solche Ausstellung habt ihr sicher schon besucht.
  Sch bringen ihre Erfahrungen ein.
- L: Eine solche – natürlich kleine – Ausstellung (für Schüler, Lehrer und Eltern) schlage ich euch zum Thema Bibel vor.
  Sch nehmen Stellung.
- L: Was könnte in so einer Bibelausstellung außer den Bibeln, die ihr schon mitgebracht habt und die natürlich der Grundstock unserer Ausstellung bilden, sonst noch gezeigt und ausgestellt werden? Denkt z. B. an Gegenstände, Bilder, Bastelarbeiten, Quizfragen, Speisen, Getränke und Musik.
  Sch veranstalten ein Brainstorming „Wir planen eine Bibelausstellung und suchen nach Ideen (**B 1**).

Erarbeitung

- L: Was meint ihr zu den Vorschlägen? Welche können wir aufgreifen? (PA / GA)
- L bringt ggf. weitere Ideen ein (**B 3**).
- Die Ideen werden zur weiteren Bearbeitung an einzelne Sch oder Sch-Gruppen verteilt.

Umsetzung

- L: Im Mittelpunkt einer Bibelausstellung stehen natürlich die verschiedenen Bibeln, die wir gesammelt haben. Diese müssen für die Ausstellungsbesucher attraktiv präsentiert werden. Dafür brauchen wir schön gestaltete Informationskärtchen.
  L stellt eigenes Beispiel vor (vgl. **B 2**).
- L: Schaut die Bibeln auf unserem Bibeltisch durch. Welche sollten wir in unsere Ausstellung übernehmen?
- L.: Wählt euch eine Bibel aus und gestaltet dazu ein schönes Informationskärtchen (**B 2**).

Hilfen zur kreativen Gestaltung biblischer Realien

- Hilfen zum Malen und Basteln. Bilder und Objekte zu einzelnen Themenkomplexen können als Hilfen zur Ausgestaltung der Bibelausstellung dienen und zum Malen und Gestalten anregen. Geeignete Themenbereiche sind: biblische Gebäude, Tiere der Bibel, Pflanzen der Bibel, biblische Kleidung, biblische Speisen, biblische Musik(instrumente) usw.

Weiterführende Literatur

- Rock, Lois: Bibel-Bastel-Buch: Die Zeit Jesu wird lebendig im Basteln, Kochen, Kleben, Nähen, Spielen. Stuttgart 1999
- Gastaldi, Silvia, Musatti, Claire: Entdecke die Welt der Bibel. Stuttgart 2000
- Yorke, Jane: Mein großes Bibel-Tierbuch. Stuttgart 2000
- Wright, Lesley: Bibel-Koch- und Backspaß. Stuttgart 2000
- Bastelbogen „Palästinahaus“. Aue Verlag, Möckmühl und Stuttgart
- Bastelbogen „Dorfplatz in Palästina“ – Arbeitsblatt Nr. 33, Heft 4/1991, RL – Zeitschrift für Religionsunterricht und Lebenskunde. Theologischer Verlag, Zürich, und Benzinger Verlag, Zürich
- Schouten van der Velden, Adrian: Tierwelt der Bibel. Stuttgart 1992
- Hepper, F. Nigel: Pflanzenwelt der Bibel. Stuttgart 1992

Hausaufgabe

- L: Wer hat Lust und backt uns zur nächsten Stunde einen Bibelkuchen?
  Hier ist das Rezept (**B 4**).

B1

Wir planen eine Bibelausstellung und suchen nach Ideen

B2

Informationskärtchen für Bibelausgaben

Titel/Überschrift der Bibel	
Wann und wo wurde sie gedruckt?	
Wie sieht die Bibel aus? Beschreibe sie möglichst genau.	
Gibt es Bilder? Wer hat sie gemalt/ fotografiert?	
Gibt es Erklärungen für die Bibeltexte?	
Was weißt du über den, dem die Bibel gehört?	
Welche Erinnerungen verbindet der Eigentümer mit dieser Bibel?	
Was gefällt dir an der Bibel besonders?	

Ideen für eine Bibelausstellung

<table>
<tr>
<td>Möglichst viele verschiedene Bibeln
z. B.:
• von Eltern, Großeltern, Verwandten, Pfarrern
• Anfrage im Gemeindeblatt
• Ausleihe aus Bibliotheken
• Suchanzeige in der Zeitung</td>
<td>Für jede Bibelausgabe in schöner Schrift eine Kurzbeschreibung erstellen
(vgl. B 2)
Für kostbare Bibelausgaben eine verschließbare Vitrine besorgen!</td>
<td>Alte und neue Bilder zur Bibel
• zu Hause suchen
• aus Büchern scannen und kopieren
• aus dem Internet („Google“-Bilder) ausdrucken
• selbst malen</td>
<td>Umfrage zur Bibel machen und Ergebnisse auf einem Poster präsentieren
(vgl. UE 1, B 6), z. B.
• Besitzen Sie eine Bibel?
• Die Bibel ist wichtig, weil …</td>
</tr>
<tr>
<td>Den Ausstellungsraum als Werkstatt eines Evangelisten gestalten
(vgl. UE 9, B 1 u. 2)</td>
<td>Bibelquiz
z. B.: Bibelspiele, Computerspiele hrsg. vom Bibelwerk der Diözese Linz</td>
<td colspan="2">Biblische „Realien“ zeichnen, basteln oder sammeln
z. B.:
• Menschen/Kleider
• Gebäude
• Gebrauchsgegenstände
• Speisen
• Gerüche
• Pflanzen/Tiere
• Eglifiguren (Biblische Erzählfiguren)
• Landschaften</td>
</tr>
<tr>
<td>Biblische Texte kreativ gestalten
(vgl. UE 21)</td>
<td>Freiarbeitsstationen</td>
<td>Aktion „Bibel schreiben“
mit alten Schreibmaterialien eine Abschreibaktion einer biblischen Schrift durchführen</td>
<td>„Präsentation“
• Tücher
• Beleuchtung
• Blumen/Schmuck</td>
</tr>
<tr>
<td>Biblische Musik</td>
<td>Bibelfilm(e)</td>
<td></td>
<td></td>
</tr>
</table>

Rezept für einen Bibelkuchen

Neben einer Kaffeetasse und einem Esslöffel zum Abmessen der Zutaten, einem Mixer mit Rührhaken, einer großen Rührschüssel und einer Springform mit einem Durchmesser von 28 cm benötigt ihr folgende Zutaten. Welche Zutaten gemeint sind, findet ihr heraus, indem ihr die Bibelstellen aufschlagt und das richtige Wort findet.

Von einem Päckchen Backpulver ist in der Bibel nicht die Rede, ihr benötigt es dennoch für euren Kuchen.

5½ Tassen	___________	1 Kön 5,2	– 10. Wort
1½ Tassen	___________	Jes 7,22	– 10. Wort
6	___________	Jes 34,15	– 11. Wort
2 Tassen	___________	Jer 24,2	– 8. Wort
1½ Tassen	___________	Ex 3,8	– 29. Wort
4 Tassen	___________	Spr 30,33	– 4. Wort
2 Tassen	___________	Hos 3,1	– 40. Wort
1 Tasse	___________	Num 17,23	– 29. Wort
eine Prise	___________	Lev 2,13	– 12. Wort
3 Esslöffel	___________	Offb 18,13	– 2. Wort

Für die Zubereitung geht ihr so vor:

- Der Backofen wird auf 200 Grad/175 Grad Umluft oder Stufe 2 bei einem Gasherd vorgeheizt.
- Zunächst werden alle festen Zutaten miteinander vermengt.
- Anschließend fügt ihr die restlichen Zutaten wie Milch, Eier, Öl und Honig hinzu.
- Jetzt werden alle Zutaten zu einem dickflüssigen Teig verrührt.
- Die Springform einfetten, mit Mehl bestäuben und den Teig in die Form füllen.
- Der Kuchen wird im Backofen ca. 75 bis 80 Minuten gebacken. Mit einem langen Holzstäbchen könnt ihr ausprobieren, ob der Kuchen gar ist: Klebt beim Rausziehen noch Teig am Stäbchen, ist der Kuchen noch nicht fertig.

Wenn der Kuchen fertig ist, könnt ihr ihn beliebig (z. B. mit Puderzucker) verzieren.

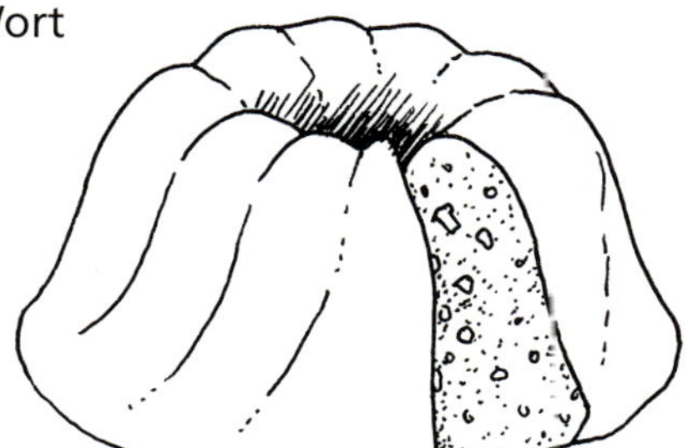

6. Sich in der Bibel zurechtfinden *(Jg. 5–7)*

Vorbereitung
- L stellt einen Klassensatz Bibeln (Altes und Neues Testament) bereit. Die Arbeit mit Bibeln, die die Sch mitbringen, ist wegen der unterschiedlichen Ausgaben und Übersetzungen problematisch.

Motivation / Begegnung
- L stellt den Klassensatz Bibeln vor und verteilt sie.
- L: Blättert in der Bibel und sammelt erste Beobachtungen (PA).
  Im Rundgespräch werden die Beobachtungen gesammelt und in Stichworten an TA notiert.

Erarbeitung
- L: Wir wollen uns etwas genauer mit diesem Buch beschäftigen. Schlagt die Titelseite der Bibel auf.
  L legt „Informationen zur Einheitsübersetzung" (**B 1**) als Folie auf.
  Die Begriffe der Titelseite werden geklärt.
- L: Nun könnten wir eigentlich anfangen, in der Bibel zu lesen. Aber da taucht gleich wieder ein Problem auf. Wenn ich das dicke Buch nicht von vorne bis hinten durchlesen kann, wie finde ich die richtige Stelle?
  Sch machen Vorschläge.
- L erläutert das Auffinden von Bibelstellen anhand der „Bibelstellensuche" (**B 2**).

Übung / Hausaufgabe
- L: Schlagt die Bibelstellen auf dem AB „Bibelstellensuche" (**B 3**) nach und schreibt die entsprechenden Bibelverse heraus (vgl. „Bibelstellensuche – Lösung" – **B 4**).

Alternativ
- L: Schlagt die Bibelstellen nach, findet die Lösungswörter und übertragt sie in das Raster. Das Lösungswort zeigt euch, ob ihr die richtigen Wörter gefunden habt (**B 5**) (vgl. auch Lösung **B 6**).

Informationen zur Einheitsübersetzung

Ziel der „Einheitsübersetzung“ ist es, einheitliche biblische Texte für den Gebrauch in allen deutschsprachigen katholischen Diözesen in Europa vorzulegen.

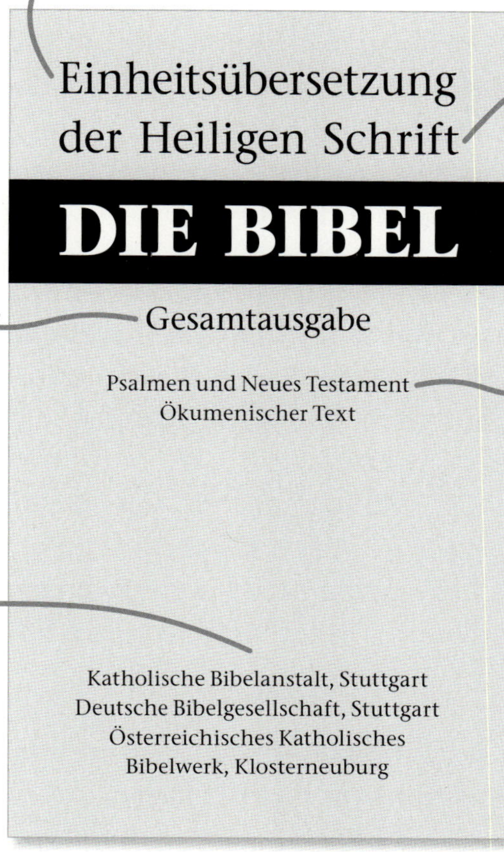

Für Christen ist die Bibel das Wort Gottes an uns Menschen.

d. h.: alle biblischen Schriften des Alten und Neuen Testaments

Die Übersetzung der Psalmen und des Neuen Testaments wurden von der Katholischen und der Evangelischen Kirche offiziell als gemeinsame Übersetzung anerkannt. Bei der Übersetzung der anderen Teile der Bibel waren evangelische Fachleute beteiligt.

= die von den jeweiligen Kirchen beauftragten Institutionen für die Erforschung, Übersetzung, Verbreitung und Vermittlung der Bibel

Weitere Informationen

Die Sprache ist gehobenes Gegenwartsdeutsch.

Die Übersetzung soll zum Lesen und Vorlesen im Gottesdienst und in der Schule verwendet werden.

Die Arbeit an der Übersetzung dauerte von 1962 bis 1979.

Bibelstellensuche – Lehrerinformation

Um sich mit der Bibel richtig beschäftigen zu können, muss man schnell zu den Textstellen gelangen, die man gerade braucht. Die Einteilung in die 73 Bücher der Bibel ist zwar schon eine große Hilfe, aber sie ist noch viel zu grob, besonders, wenn man bestimmte Sätze oder sogar einzelne Wörter finden will. **Daher hat man im Laufe der Geschichte jede Schrift der Bibel in Kapitel eingeteilt.** Die Kapitelzählung geht auf einen englischen Erzbischof des 13. Jahrhunderts zurück. Seit dem 16. Jahrhundert werden die Kapitel durch Verse untergliedert.

Mt

1. Der erste Teil einer biblischen Stellenangabe besteht aus **zwei bis fünf Buchstaben**. Die Buchstaben bezeichnen das biblische Buch, aus dem die Stelle stammt. Manche Buchstaben sagen dir vielleicht etwas, z. B. „Mt“, das bedeutet „Evangelium nach Matthäus“. Manchmal steht vor den Buchstaben noch eine Zahl (z. B. „1 Kor“). Wenn du nicht weißt, was mit den Zahlen und Buchstaben gemeint ist, kannst du im **Abkürzungsverzeichnis** nachschlagen. Dieses Verzeichnis befindet sich in jeder Bibelausgabe.

2. Wenn du den Namen des Buches gefunden hast, kannst du im **Inhaltsverzeichnis** nachschlagen, auf welcher Seite das Buch beginnt.

Mt 28

3. Dort angelangt, wird die Zahl wichtig, die hinter den Buchstaben steht. Diese bezeichnet das **Kapitel** des Buches, das sind die größeren Abschnitte, in die jedes biblische Buch eingeteilt ist. Die Kapitelzahlen sind groß gedruckt. Blättere die Seiten durch, bis du zu dem Kapitel kommst, das du gerade suchst.

Mt 28,19–20

4. Jetzt kommt der letzte Teil einer biblischen Stelle: **die Zahl hinter dem Komma**. Sie bezeichnet den **Vers**. Verse sind die Einteilungen der Kapitel. Meist umfassen sie einen Satz, manchmal aber auch zwei Sätze oder nur einen Satzteil. Wenn hinter dem Komma mehr als eine Zahl steht, bedeutet das, dass es sich dabei um **mehrere Verse** handelt.

Bibelstellensuche

B3

1 Sam 17,50	
1 Kön 17,16	
Rut 1,16	
Ijob 5,1	
Ps 139,2	
Spr 3,31	
Jes 42,3	
Gen 1,1	
Ex 3,14	
Dtn 5,6	

B3

1 Kor 15,7	
Gal 5,22	
Offb 22,21	
Jer 31,31	
Mt 28,20 b	
Mk 9,35	
Lk 6,21	
Joh 8,12	
Apg 2,46	

Bibelstellensuche – Lösung

B4

1 Sam 17,50	So besiegte David den Philister mit einer Schleuder und einem Stein; er traf den Philister und tötete ihn, ohne ein Schwert in der Hand zu haben.
1 Kön 17,16	Der Mehltopf wurde nicht leer und der Ölkrug versiegte nicht, wie der Herr durch Elija versprochen hatte.
Rut 1,16	Rut antwortete: Dränge mich nicht, dich zu verlassen und umzukehren. Wohin du gehst, dahin gehe auch ich, und wo du bleibst, da bleibe auch ich. Dein Volk ist mein Volk und dein Gott ist mein Gott.
Ijob 5,1	Ruf doch! Ist einer, der dir Antwort gibt? An wen von den Heiligen willst du dich wenden?
Ps 139,2	Ob ich sitze oder stehe, du weißt von mir. Von fern erkennst du meine Gedanken.
Spr 3,31	Beneide den Gewalttätigen nicht, wähle keinen seiner Wege.
Jes 42,3	Das geknickte Rohr zerbricht er nicht und den glimmenden Docht löscht er nicht aus; ja, er bringt wirklich das Recht.
Gen 1,1	Im Anfang schuf Gott Himmel und Erde.
Ex 3,14	Da antwortete Gott dem Mose: Ich bin der „Ich-bin-da". Und er fuhr fort: So sollst du zu den Israeliten sagen: Der „Ich-bin-da" hat mich zu euch gesandt.
Dtn 5,6	Ich bin Jahwe, dein Gott, der dich aus Ägypten geführt hat, aus dem Sklavenhaus.
1 Kor 15,7	Danach erschien er dem Jakobus, dann allen Aposteln.
Gal 5,22–23	Die Frucht des Geistes aber ist Liebe, Freude, Friede, Langmut, Freundlichkeit, Güte, Treue, Sanftmut und Selbstbeherrschung; dem allem widerspricht das Gesetz nicht.
Offb 22,21	Die Gnade des Herrn Jesus sei mit allen!
Jer 31,31	Seht, es werden Tage kommen – Spruch des Herrn –, in denen ich mit dem Haus Israel und dem Haus Juda einen neuen Bund schließen werde.
Mt 28,20 b	Seid gewiss: Ich bin bei euch alle Tage bis zum Ende der Welt.
Mk 9,35	Da setzte er sich, rief die Zwölf und sagte zu ihnen: Wer der Erste sein will, soll der Letzte von allen und der Diener aller sein.
Lk 6,21	Selig, die ihr jetzt hungert, denn ihr werdet satt werden. Selig, die ihr jetzt weint, denn ihr werdet lachen.
Joh 8,12	Als Jesus ein andermal zu ihnen redete, sagte er: Ich bin das Licht der Welt. Wer mir nachfolgt, wird nicht in der Finsternis umhergehen, sondern wird das Licht des Lebens haben.
Apg 2,46	Tag für Tag verharrten sie einmütig im Tempel, brachen in ihren Häusern das Brot und hielten miteinander Mahl in Freude und Einfalt des Herzens.

Bibelrätsel zum Nachschlagen

B5

1. Gal 5,22 – 7. Wort: … die erste Frucht des Geistes
2. Jer 24,1 – 11. Wort: … diese Früchte lagen in den Körben.
3. Mk 6,2 – 2. Wort: … an diesem Tag lehrte Jesus in der Synagoge.
4. Lk 10,31 – 4. Wort: … dieser Mann kam und ging vorbei.
5. 1 Kön 17,16 – 2. Wort: … dieses Gefäß wird nicht leer.
6. Offb 21,22 – 2. Wort: … dieses Gebäude gibt es nicht in der Stadt.
7. 1 Sam 17,50 – 8. Wort: … damit besiegte David den Philister Goliat.
8. Joh 19,29 – 4. Wort: … das gaben die Soldaten Jesus zu trinken.
9. Mt 26,36 – 12. Wort: … so heißt das Grundstück, zu dem Jesus kam.
10. 1 Kor 15,7 – 5. Wort: … diesem Jünger erschien Jesus.
11. Ex 3,2 – 10. Wort: … darin erscheint der Engel des Herrn dem Mose.

1.	2.	3.	4.	5.	6.	7.	8.	9.	10.	11.

B6

Bibelrätsel zum Nachschlagen – Lösung

1.	2.	3.	4.	5.	6.	7.	8.	9.	10.	11.
						S			J	
						C		G	A	
L		S	P	M		H		E	K	F
I	F	A	R	E	T	L	E	T	O	L
E	E	B	I	H	E	E	S	S	B	A
B	**I**	**B**	**E**	**L**	**M**	**U**	**S**	**E**	**U**	**M**
E	G	A	S	T	P	D	I	M	S	M
	E	T	T	O	E	E	G	A		E
	N		E	P	L	R		N		
			R	F				I		

7. Geschichten immer wieder erzählen – Wie das Alte Testament entstanden ist *(Jg. 5–7)*

Information

Das Alte Testament enthält 46 Schriften. In der jüdischen Bibel und in manchen protestantischen Bibelausgaben sind allerdings nur 39 Schriften aufgeführt. Das hängt damit zusammen, dass es zu der Zeit, als die Schriften endgültig zusammengestellt wurden, zwei verschiedene Listen gab. Die eine Liste enthielt nur die 39 hebräisch geschriebenen Schriften, die andere Liste zusätzlich sieben in Griechisch geschriebene jüngere Schriften. In katholischen Bibelausgaben sind diese sieben jüngeren Schriften enthalten.

Vorbereitung

- L bereitet 46 Holzstücke / „Holzbücher" (Format z. B. 6 × 8 × 2 cm) vor oder sammelt 46 Streichholzschachteln.
- L kopiert „Aufkleber für biblische Bibliothek AT – Vorderansicht I und II" (**B 7**) und „Aufkleber für biblische Bibliothek AT – Rückenansicht" (**B 8**) auf „Vielzweck-Etiketten" oder auf klebbare Folien zum Aufkleben auf die „Holzbücher" oder Streichholzschachteln.
- Sch / L backen einen Bibelkuchen (Rezept: **UE 5, B 4**).

Motivation / Themenfindung

- L berichtet von einem lange zurückliegenden Ereignis, vom dem seine Eltern immer mal wieder erzählt haben / noch erzählen.
- L: Kinder lassen sich von ihren Eltern lange zurückliegende Ereignisse immer wieder gerne erzählen. Was haben dir deine Eltern schon einmal von früher erzählt? Berichte davon! (**B 1**) Stichpunkte werden an der STA notiert.
- L: Warum ist dieses Erzählen für Kinder und Eltern wichtig?
- L: Dieses Erzählen ist ein wichtiger Grund dafür, dass wir die Bücher der Bibel heute überhaupt haben.

Erarbeitung

- L trägt vor / legt als Folie auf / Sch lesen „Geschichten immer wieder erzählen" (**B 2**).
- L legt Folie von AB „Geschichten immer wieder erzählen – Wie das Alte Testament entstanden ist" (**B 3**) auf.
  L: Betrachtet und beschreibt die Bilder.
- Im Lehrer-Schüler-Gespräch werden die leeren Spalten gefüllt (vgl. „Wie das Alte Testament entstanden ist" – **B 5** und AB – Lösung **B 4**).
- L: Stellt euch vor, eine Geschichte wird lange Zeit weitererzählt, dann aufgeschrieben und noch später in ein Buch aufgenommen. Was kann in dieser Zeit mit der Geschichte alles passieren?

Vertiefung

- L trägt die Geschichte „Was eine Erzählung bewirken kann" vor (**B 6**).

Sicherung

- Sch bearbeiten AB „Geschichten immer wieder erzählen – Wie das Alte Testament entstanden ist" (**B 3**) (vgl. Lösung **B 4**).

Hausaufgabe (arbeitsteilig)

- Sch erstellen eine biblische Bibliothek (AT). Mit den Aufkleber-Vorlagen (**B 7 – B 8**) bekleben sie 46 Holzstücke (Format z. B. 6 × 8 × 2 cm) oder Streichholzschachteln. Die quadratischen Aufkleber (**B 7**) werden auf die breiten Vorderseiten geklebt, die länglichen Aufkleber (**B 8**) auf die schmalen Längsseiten („Rückenansicht").
- Sch basteln ein Regal mit den Abteilungen:
  1. Die fünf Bücher Mose
  2. Die Bücher der Geschichte des Volkes Gottes
  3. Die Bücher der Lehrweisheit und die Psalmen
  4. Die Bücher der Propheten
- In der Folgestunde wird die biblische Bibliothek (vgl. **UE 4, B 2**) aufgebaut.

Abschluss

- Sch / L berichten vom Backen des Bibelkuchens und essen ihn.

B1

Eltern erzählen von früheren Zeiten

- von (lustigen) persönlichen Erinnerungen
- von den Besonderheiten der Kinder
- von glücklichen oder schmerzlichen familiären Ereignissen
- von besonderen politischen, religiösen oder gesellschaftlichen Ereignissen
- von Ahnungen und Hoffnungen, die später Wirklichkeit wurden oder sich nicht erfüllten

B2

Geschichten immer wieder erzählen

Das Alte Testament ist der Teil der Bibel, den Juden und Christen gemeinsam als Heilige Schrift haben. Es besteht aus 46 Schriften.
Wenn man die Bibel ganz vorne zu lesen anfängt, könnte man meinen, bei allen Geschehnissen sei immer ein Zeitzeuge dabei gewesen, der alles genau aufgeschrieben hätte. Das war aber nicht das Fall. Die allermeisten Geschichten wurden lange Zeit nur mündlich weitererzählt und so von Generation zu Generation weitergegeben. Durch das Erzählen wurden die Ereignisse der Vergangenheit lebendig gehalten. Bald gab es Feste, auf denen immer die gleichen Geschichten erzählt wurden. Erst viel später schrieb man kleinere Texte auf Papyrus oder Pergament. Dann wurden Einzeltexte zu einer Erzählfolge oder zu größeren Schriften zusammengefasst. Hinter den immer neuen Überarbeitungen der alten Erzählungen stand auch die Absicht der Erzähler, ihren Zuhörern zu helfen, in schweren Zeiten am Glauben an Gott festzuhalten. Die Erzählungen der Vergangenheit sollten die Hörer ermahnen, warnen, trösten und ihnen Hoffnung geben. So entstand im Laufe vieler Jahrhunderte das Alte Testament, wie wir es heute vor uns haben.

Geschichten immer wieder erzählen – Wie das Alte Testament entstanden ist

B3

Zeit	Phase der Entstehung	Was im Einzelnen geschah	Bild
1700 v. Chr. bis 1000 v. Chr.			
900 v. Chr. bis 600 v. Chr.			
600 v. Chr. bis 200 v. Chr.			
70 n. Chr. bis 80 n. Chr.			

Geschichten immer wieder erzählen – Wie das Alte Testament entstanden ist – Lösung

B4

Zeit	Phase der Entstehung	Was im Einzelnen geschah	Bild
1700 v. Chr. bis 1000 v. Chr.	Erzählen	An Rastplätzen und Festen erzählen Menschen von ihren Erfahrungen mit Gott.	
900 v. Chr. bis 600 v. Chr.	Aufschreiben	Einzelne überlieferte Geschichten werden aufgeschrieben.	
600 v. Chr. bis 200 v. Chr.	Abschreiben und Sammeln	Gelehrte Priester sammeln Einzelgeschichten und stellen sie mit neuen Geschichten zu Büchern zusammen.	
70 n. Chr. bis 80 n. Chr.	Festlegung der heutigen Form	Jüdische Lehrer und Schriftgelehrte stellen aus den Büchern die heutige Bibel (AT) zusammen.	

B5

Wie das Alte Testament entstanden ist

1. Erzählen: **1700 v. Chr. bis 1000 v. Chr.**	Menschen erzählen an Rastplätzen, Oasen, auf Festen, an heiligen Stätten von Erfahrungen ihrer Familien mit Gott.	
2. Aufschreiben: **900 v. Chr. bis 600 v. Chr.**	Schreiber an Königshöfen, einzelne Propheten oder ihre Schreiber, aber auch Priester schreiben einzelne oder mehrere mündlich überlieferte Ereignisse und Geschichten auf.	
3. Abschreiben und Sammeln: **600 v. Chr. bis 200 v. Chr.**	Gelehrte Priester, aber auch Gruppen von frommen Menschen sammeln die Einzelgeschichten, schreiben manchmal auch neue auf und stellen sie zu einem Buch zusammen.	
4. Festlegung der heutigen Form: **70 n. Chr. bis 80 n. Chr.**	Versammlungen von jüdischen Lehrern und Schriftgelehrten stellen die Bücher zusammen. Manche Bücher nehmen sie nicht in die Sammlung auf. So entsteht die heutige Bibel (Altes Testament).	

B6

Was eine Erzählung bewirken kann

Wenn der Baal-Schem etwas Schwieriges zu erledigen hatte, irgendein geheimes Werk zum Nutzen der Geschöpfe, so ging er an eine bestimmte Stelle des Waldes, zündete ein Feuer an und sprach, in mystische Meditation versunken, Gebete – und alles geschah, wie er es sich vorgenommen hatte. Wenn eine Generation später der Maggid von Meseritz dasselbe zu tun hatte, ging er an jene Stelle im Walde und sagte: „Das Feuer können wir nicht mehr machen, aber die Gebete können wir sprechen" – und alles ging nach seinem Willen. Wieder eine Generation später sollte Rabbi Mosche Leib aus Sassow jene Tat vollbringen. Auch er ging in den Wald und sagte: „Wir können kein Feuer mehr anzünden, und wir kennen auch die geheimen Meditationen nicht mehr, die das Gebet beleben; aber wir kennen den Ort im Walde, wo alles das hingehört, und das muss genügen." – Und es genügte. Als aber wieder eine Generation später Rabbi Israel von Rischin jene Tat zu vollbringen hatte, da setzte er sich in seinem Schloss auf seinen goldenen Stuhl und sagte: „Wir können kein Feuer machen, wir können keine Gebete sprechen, wir kennen auch den Ort nicht mehr, aber wir können die Geschichte davon erzählen." Und – so fügt der Erzähler hinzu – seine Erzählung allein hatte dieselbe Wirkung wie die Taten der drei anderen.

Textauszug aus: Gerschom Scholem, Die jüdische Mystik in ihren Strömungen, S. 384. © Suhrkamp Verlag Berlin 1967

Aufkleber für biblische Bibliothek AT – Vorderansicht I

B7

Das Buch Genesis	Das Buch Exodus	Das Buch Levitikus	Das Buch Numeri
Das Buch Deuteronomium	Das Buch Josua	Das Buch der Richter	Das Buch Rut
Das erste Buch Samuel	Das zweite Buch Samuel	Das erste Buch der Könige	Das zweite Buch der Könige
Das erste Buch der Chronik	Das zweite Buch der Chronik	Das Buch Esra	Das Buch Nehemia
Das Buch Tobit	Das Buch Judit	Das Buch Ester	Das erste Buch der Makkabäer
Das zweite Buch der Makkabäer	Das Buch Ijob	Die Psalmen	Das Buch der Sprichwörter

Aufkleber für biblische Bibliothek AT – Vorderansicht II

B7

Das Buch Kohelet	Das Hohelied	Das Buch der Weisheit	Das Buch Jesus Sirach
Das Buch Jesaja	Das Buch Jeremia	Die Klagelieder	Das Buch Baruch
Das Buch Ezechiel	Das Buch Daniel	Das Buch Hosea	Das Buch Joël
Das Buch Amos	Das Buch Obadja	Das Buch Jona	Das Buch Micha
Das Buch Nahum	Das Buch Habakuk	Das Buch Zefanja	Das Buch Haggai
Das Buch Sacharja	Das Buch Maleachi		

Aufkleber für biblische Bibliothek AT – Rückenansicht

B8

Das Buch Genesis	Das Buch Exodus	Das Buch Levitikus	Das Buch Numeri	Das Buch Deuteronomium
Das Buch Josua	Das Buch der Richter	Das Buch Rut	Das erste Buch Samuel	Das zweite Buch Samuel
Das erste Buch der Könige	Das zweite Buch der Könige	Das erste Buch der Chronik	Das zweite Buch der Chronik	Das Buch Esra
Das Buch Nehemia	Das Buch Tobit	Das Buch Judit	Das Buch Ester	Das erste Buch der Makkabäer
Das zweite Buch der Makkabäer	Das Buch Ijob	Die Psalmen	Das Buch der Sprichwörter	Das Buch Kohelet
Das Hohelied	Das Buch der Weisheit	Das Buch Jesus Sirach	Das Buch Jesaja	Das Buch Jeremia
Die Klagelieder	Das Buch Baruch	Das Buch Ezechiel	Das Buch Hosea	Das Buch Joël
Das Buch Amos	Das Buch Obadja	Das Buch Jona	Das Buch Micha	Das Buch Nahum
Das Buch Habakuk	Das Buch Zefanja	Das Buch Haggai	Das Buch Sacharja	Das Buch Maleachi

8. Kleine Geschichte des Volkes Israel *(Jg. 5–10)*

Vorbereitung

- L vergrößert, zerschneidet und laminiert die Wortkarten (**B 1–B 6**, außer **B 3**).

Motivation / Themenfindung

- L hängt die „**Überschriften**" (**B 1**) waagerecht über die TA und hängt die „**Zeitenkärtchen**" (**B 2**) senkrecht unter die Überschrift „Zeiten des Volkes Israel".
  So entsteht das „Tafelbild" (**B 3**).
  Sch lesen.
- L: Für jede Zeit des Volkes Israel benötigen wir
  - ein Datierungskärtchen,
  - ein Ereigniskärtchen und
  - ein Personenkärtchen.
- L hängt die vergrößerten, zerschnittenen und laminierten Wortkarten (**B 4–B 6**) nach Gruppen sortiert an drei Stellen (z. B. Seitentafel, Pinnwand, Tische oder ausgelegte Tücher) im Klassenraum aus.
- L geht zu den ausgehängten Wortkarten (**B 4–B 6**) und erläutert sie je nach Klassensituation.

Erarbeitung

- L teilt die Klasse – den zehn Zeiten des Volkes Israel entsprechend – in zehn Gruppen ein.
  L teilt jeder Gruppe eine Zeit des Volkes Israel (**B 2**, vgl. Tafelbild **B 3**) zu.
- L: Sucht für eure Zeit in den drei Gruppen die drei Kärtchen heraus, die zu eurer Zeit passen.
- Nehmt aber nur Kärtchen, von denen ihr **sicher** seid, dass sie zu eurer Zeit gehören. Sonst fehlen sie einer anderen Gruppe.
- L: Hängt die gefundenen drei Wortkarten unter die passenden Überschriften an TA (**B 3**).
- Sch stellen Suchergebnisse vor.

Alternativ

- Je nach Klassensituation kann die Suche und Zuordnung der Kärtchen auch im Lehrer-Schüler-Gespräch durchgeführt werden.

Sicherung

- L verteilt AB „Kleine Geschichte des Volkes Israel" (**B 7**).
  Sch übertragen die Ergebnisse von TA (vgl. Lösung **B 8**).

Überschriften

B 1

Zeiten des Volkes Israel	**Datierung**	Erzählte und erinnerte **Ereignisse**	**Personen**

Zeitenkärtchen

B2

Zeit des Anfangs	Zeit der Patriarchen	Zeit des Exodus und der Wüstenzeit
Zeit der Richter	Zeit der Könige und Propheten	Zeit des Exils und der Rückkehr
Zeit des Frühjudentums	Zeit Jesu	Zerstörung Jerusalems
Gründung des Staates Israel		

Tafelbild

B3

Zeiten des Volkes Israel	Datierung	Erzählte und erinnerte Ereignisse	Personen
Zeit des Anfangs			
Zeit der Patriarchen			
Zeit des Exodus und der Wüsten-zeit			
Zeit der Richter			
Zeit der Könige und Propheten			
Zeit des Exils und der Rückkehr			
Zeit des Frühjudentums			
Zeit Jesu			
Zerstörung Jerusalems			
Gründung des Staates Israel			

Ereigniskärtchen

B4

Gott erschafft alles. Die Menschen stiften Unheil durch die Sünde.	Gott macht Abraham zum Stammvater des Gottesvolkes. Die Nachkommen Abrahams kommen nach Ägypten.	Gott führt sein Volk aus Ägypten heraus.
Gott führt sein Volk in das Land Kanaan.	Gott gibt seinem Volk Könige und spricht durch Propheten.	Die Babylonier erobern Jerusalem und zerstören den Tempel. Rückkehr ca. 70 Jahre später.
Neubau des Tempels	Jesus verkündet die Botschaft vom Reich Gottes.	Die Stadt Jerusalem wird von den Römern zerstört. Die jüdische Bevölkerung wird heimatlos.
Der Staat Israel wird als neue Heimat des Volkes Israel gegründet.		

Personenkärtchen

B5

Adam Kain Eva Abel	Abraham Isaak Jakob Sarah Josef	Mose Aaron Mirjam
Josua	Saul Natan David Amos Salomon Jesaja	Jeremia
Nehemia	Jesus	Kaiser Titus
Ben Gurion		

Datierungskärtchen

B6

nicht datierbare Vorzeit	ca. 2000 bis 1500 v. Chr.	um 1200 v. Chr.
um 1150 v. Chr.	ca. 1000 bis 586 v. Chr.	ca. 586 bis 538 v. Chr.
ab 538 v. Chr.	ca. 4 v. Chr. bis 29 n. Chr.	70 n. Chr.
1948 n. Chr.		

Kleine Geschichte des Volkes Israel

B7

Zeiten	Datierung	Erzählte und erinnerte Ereignisse	Personen
Zeit des Anfangs			
Zeit der Patriarchen			
Zeit des Exodus und der Wüstenzeit			
Zeit der Richter			
Zeit der Könige und Propheten			

Zeiten	Datierung	Erzählte und erinnerte Ereignisse	Personen
Zeit des Exils und der Rückkehr			
Zeit des Frühjudentums			
Zeit Jesu			
Zerstörung Jerusalems			
Gründung des Staates Israel			

Kleine Geschichte des Volkes Israel

B8

Zeiten	Datierung	Erzählte und erinnerte Ereignisse	Personen
Zeit des Anfangs	nicht datierbare Vorzeit	Gott erschafft alles. Die Menschen stiften Unheil durch die Sünde.	Adam, Eva, Kain, Abel
Zeit der Patriarchen	ca. 2000 bis 1500 v. Chr.	Gott macht Abraham zum Stammvater des Gottesvolkes. Die Nachkommen Abrahams kommen nach Ägypten.	Abraham, Sarah, Isaak, Jakob, Josef
Zeit des Exodus und der Wüstenzeit	um 1200 v. Chr.	Gott führt sein Volk aus Ägypten heraus (Exodus).	Mose, Mirjam, Aaron
Zeit der Richter	um 1150 v. Chr.	Gott führt sein Volk in das Land Kanaan.	Josua
Zeit der Könige und Propheten	ca. 1000 bis 586 v. Chr.	Gott gibt seinem Volk Könige und spricht durch Propheten.	Saul, David, Salomon, Natan, Amos, Jesaja
Zeit des Exils und der Rückkehr	ca. 586 bis 538 v. Chr.	Die Babylonier erobern Jerusalem und führen Teile der Israeliten ins Exil. Rückkehr ca. 70 Jahre später.	Jeremia
Zeit des Frühjudentums	ab 538 v. Chr.	Neubau des Tempels	Nehemia
Zeit Jesu	ca. 4 v. Chr. bis 29 n. Chr.	Jesus verkündet die Botschaft vom Reich Gottes.	Jesus
Zerstörung Jerusalems	70 n. Chr.	Die Stadt Jerusalem wird von den Römern zerstört. Die jüdische Bevölkerung wird heimatlos.	Kaiser Titus
Gründung des Staates Israel	1948 n. Chr.	Der Staat Israel wird als neue Heimat des Volkes Israel gegründet.	Ben Gurion

9. In der Werkstatt des Markus – Das erste Evangelium entsteht *(Jg. 5–7)*

Vorbereitung

- L besorgt – evtl. aus einer religionspädagogischen Materialstelle / einem Bibelkoffer / einem Bibelmuseum – Materialien zum Thema „Werkstatt des Markus", z. B. Schriftrolle, Schreibmaterialien.
- L vergrößert und laminiert Wortkarten und Bilder (**B 1–B 3**).
- L legt einen Klassensatz Neue Testamente bereit.
- Drei Sch bereiten das szenische Spiel „Wie es zum Markusevangelium kam" (**B 4**) vor.
- L kopiert / brennt „Schriftrollen auf dem Schreibtisch des Markus" (**B 5**) und zerschneidet sie.

Motivation / Themenfindung

- L hängt Bilder und Wortkarten (**B 1–B 3**) an TA und gestaltet so eine „Werkstatt des Markus".
- Ggf. können Realien (Schriftrollen und Schreibmaterialien) die Bilder veranschaulichen.
- L stellt den Schülern die Werkstatt des Markus vor.
- Zusätzlich wird die von den Sch erstellte biblische Bibliothek (**UE 7**, **B 6–B 8**) aufgebaut.

Begegnung

- L: Für die Christen besteht die Bibel aus zwei Teilen, dem Alten Testament und dem Neuen Testament. Heute erfahren wir, wie eine der wichtigsten Schriften des Neuen Testaments – das Markusevangelium – entstanden sein könnte.
- Sch lesen das szenische Spiel „Wie es zum Markusevangelium kam" (**B 4**) mit verteilten Rollen.

Erarbeitung

- L: Weshalb bemühten sich die ersten Christen, Worte und Taten Jesu aufzuschreiben?
- L: Vor welchen Schwierigkeiten stand der Verfasser des Markusevangeliums?
- L verteilt „Schriftrollen auf dem Schreibtisch des Markus" (**B 5**) als Papier- oder Folienschnipsel (PA / GA).
- L: Hier sind ein paar ungeordnete Schriftrollen, die auf dem Schreibtisch des Markus gelegen haben könnten. Schaut sie genau an.
  - In welcher Reihenfolge könnten die Schriftrollen aufeinanderfolgen?
  - Bringt sie in eine sinnvolle Reihenfolge, so ähnlich, wie Markus es in seinem Evangelium gemacht hat.
- Sch stellen ihre Ergebnisse – an TA oder auf Folie – vor und begründen ihre Reihenfolge.

Vertiefung

- L: Das Ergebnis der Arbeit des Markus – das Markusevangelium – haben wir noch heute in Händen.
  L verteilt die Ausgaben des Neuen Testaments. Sch schauen sich das „Ergebnis" der Arbeit des Markus an.
- L: Um euch mit diesem Markusevangelium etwas vertrauter zu machen, schlage ich euch ein Experiment vor. Eigentlich dauert das Lesen des Markusevangeliums ein paar Stunden. Wir wollen das in wenigen Minuten machen und dabei wichtige Sätze heraussuchen.
- L verteilt die „96 Abschnitte des Markusevangeliums" (**B 6**) arbeitsteilig an die Sch (EA / PA / GA).
- L: Schlagt eure Abschnitte im Mk-Evangelium nach und lest sie in Ruhe durch.
  L: Bei jedem Abschnitt steht ein Lückensatz. Sucht diesen Satz in eurem Abschnitt und tragt die Lückenwörter ein.

Auswertung / Hausaufgabe

- L: Lest die Zwischenüberschriften und Sätze vor. Zwischen den Abschnitten kann ein Gong / Ton eingespielt werden.
- L: Klebt die Abschnitte mit den Zwischenüberschriften und Sätzen zu einer „Schriftrolle" zusammen und rollt sie auf.

Wunder
Leidens-
geschichte
Gleichnisse
Worte
Jesu
Das Gleichnis
vom Sämann
Die Heilung

B2

B3

Gleichnisse	Wunder
Leidensgeschichte	Worte Jesu

B5

Schriftrollen auf dem Schreibtisch des Markus

Die Botschaft des Engels im leeren Grab	Das Gleichnis vom Sämann
Kreuzigung, Tod und Begräbnis Jesu	Die Heilung eines Aussätzigen
Die Berufung der ersten Jünger	Die Frage nach dem wichtigsten Gebot
Die Verhandlung vor Pilatus	Die Taufe Jesu
Die Gefangennahme	Die Speisung der Viertausend

B4

Wie es zum Markusevangelium kam – Szenisches Spiel

In einer christlichen Gemeinde irgendwo im Römischen Reich unterhalten sich zwei Männer und eine Frau. Wir befinden uns etwa im Jahr 70 nach Christus.

Marcellus:
Ich war neulich auf meiner Reise in Alexandria. Beim Gottesdienst in der Gemeinde habe ich eine Geschichte von Jesus gehört, die habe ich überhaupt noch nicht gekannt. Jesus soll doch tatsächlich einmal über den See Genezareth gegangen sein.

Julia:
Typisch Marcellus! Dich beeindrucken immer nur die Äußerlichkeiten. Worauf es in dieser Geschichte ankommt, hast du bestimmt vergessen.

Marcellus:
Ganz genau weiß ich es wirklich nicht mehr. Aber ich finde es toll, dass immer wieder neue Geschichten von Jesus auftauchen. Sie zeigen Jesus immer wieder in einem neuen Licht.

Rufus:
Das finde ich gar nicht so gut. Ich verliere vor lauter Einzelgeschichten über Jesus so langsam den Überblick. Man weiß doch gar nicht mehr, wann und wo die Geschichten passiert sind. Und wenn sie immer wieder neu erzählt werden, weiß man nicht, ob sie dann noch stimmen.

Julia:
Jetzt übertreibst du aber, Rufus. Du weißt ganz genau, dass wir die Geschichten von Jesus sehr genau weitererzählen.

Rufus:
Aber von Mose und den Propheten haben wir doch Schriftrollen, aus denen wir regelmäßig lesen. Warum gibt es so etwas noch nicht von Jesus? Er ist doch wichtiger als Mose und alle Propheten zusammen.

Julia:
Da hast du allerdings recht. Übrigens gibt es in unserer Gemeinde jemanden, der sich darüber schon länger Gedanken macht. Er heißt Markus. Er will versuchen, die vielen Einzelgeschichten von Jesus in einer Schriftrolle zusammenzufassen.

Marcellus:
Da gehe ich morgen bei ihm vorbei und erzähle ihm meine neue Geschichte von Jesus. Vielleicht kann er sie für seine Schriftrolle über Jesus gebrauchen.

96 Abschnitte des Markusevangeliums

B6

1.	**Mk 1,1–8 Johannes der Täufer** Nach mir kommt einer, der ist ____________ als ich.
2.	**Mk 1,9–11 Die Taufe Jesu** Du bist mein geliebter Sohn, an dir habe ich ____________ gefunden.
3.	**Mk 1,12–13 Die Versuchung Jesu** Er lebte bei den wilden Tieren und die ____________ dienten ihm.
4.	**Mk 1,14–15 Erstes Auftreten in Galiläa** Die Zeit ist erfüllt, das ____________ ist nahe.
5.	**Mk 1,16–20 Die Berufung der ersten Jünger** Ich werde euch zu ____________ machen.
6.	**Mk 1,21–28 Jesus in der Synagoge von Kafarnaum** Ich weiß, wer du bist: der ____________.
7.	**Mk 1,29–31 Die Heilung der Schwiegermutter des Petrus** Da wich das Fieber von ihr und sie ____________ für sie.
8.	**Mk 1,32–34 Die Heilung von Besessenen und Kranken** Und er heilte viele, die allen möglichen ____________ litten, …
9.	**Mk 1,35–39 Aufbruch aus Kafarnaum** … stand er auf und ging an einen einsamen Ort, um zu ____________.
10.	**Mk 1,40–45 Die Heilung eines Aussätzigen** Dennoch kamen die Leute von ____________ zu ihm.
11.	**Mk 2,1–12 Die Heilung eines Gelähmten** So etwas haben wir ____________ gesehen.
12.	**Mk 2,13–17 Die Berufung des Levi und das Mahl mit den Zöllnern** Wie kann er zusammen mit Zöllnern und Sündern ____________?
13.	**Mk 2,18–22 Die Frage nach dem Fasten** Neuer ____________ gehört in neue ____________.
14.	**Mk 2,23–28 Das Abreißen der Ähren am Sabbat** Der Sabbat ist für den ____________ da und nicht der ____________ für den Sabbat.
15.	**Mk 3,1–6 Die Heilung eines Mannes am Sabbat** … sie suchten nämlich einen Grund zur ____________ gegen ihn.
16.	**Mk 3,7–12 Der Andrang des Volkes** Da sagte er zu seinen Jüngern, sie sollten ein ____________ für ihn bereithalten …
17.	**Mk 3,13–19 Die Wahl der Zwölf** Und er setzte zwölf ein, die er bei sich haben und die er dann ____________ wollte, …

B6

18.	**Mk 3,20–21 Jesus und seine Angehörigen** … denn sie sagten: Er ist von ________________.
19.	**Mk 3,22–30 Verteidigungsrede Jesu** Wenn eine Familie in sich ________________ ist, kann sie keinen Bestand haben.
20.	**Mk 3,31–35 Von den wahren Verwandten Jesu** Wer den Willen Gottes erfüllt, ist für mich ________________ und ________________ und Mutter.
21.	**Mk 4,1–9 Das Gleichnis vom Sämann** Wer ________________ hat zum ________________, der höre!
22.	**Mk 4,10–12 Sinn und Zweck der Gleichnisse** … sehen sollen sie, sehen, aber nicht ________________;
23.	**Mk 4,13–20 Die Deutung des Gleichnisses vom Sämann** Der Sämann sät das ________________.
24.	**Mk 4,21–25 Vom rechten Hören** Nach dem Maß, mit dem ihr messt und zuteilt, wird euch ________________ werden.
25.	**Mk 4,26–29 Das Gleichnis vom Wachsen der Saat** Sobald aber die Frucht reif ist, legt er die ________________ an.
26.	**Mk 4,30–32 Das Gleichnis vom Senfkorn** Ist es aber gesät, dann geht es auf und wird ________________ als alle anderen.
27.	**Mk 4,33–34 Schlussbemerkung zu den Gleichnisse** … seinen ________________ aber erklärte er alles, wenn er mit ihnen allein war.
28.	**Mk 4,35–41 Der Sturm auf dem See** Er aber lag hinten im Boot auf einem Kissen und ________________.
29.	**Mk 5,1–20 Die Heilung des Besessenen von Gerasa** Er saß ordentlich gekleidet da und war wieder bei ________________.
30.	**Mk 5,21–43 Die Auferweckung der Tochter des Jaïrus und die Heilung einer kranken Frau** … dann sagte er, man solle dem Mädchen etwas zu ________________ geben.
31.	**Mk 6,1–6 a Die Ablehnung Jesu in seiner Heimat** Nirgends hat ein Prophet so wenig Ansehen, wie in seiner ________________.
32.	**Mk 6,6b–13 Die Aussendung der zwölf Jünger** … und er gebot ihnen, außer einem ________________ nichts auf den Weg mitzunehmen.
33.	**Mk 6,14–16 Das Urteil des Herodes über Jesus** … und man sagte: ________________ ist von den Toten auferstanden.
34.	**Mk 6,17–29 Die Enthauptung des Täufers** Sooft er (Herodes) mit ihm (Johannes dem Täufer) sprach, wurde er ________________, …

B6

35.	**Mk 6,30–44 Die Rückkehr der Jünger und die Speisung der Fünftausend** Auch die zwei ____________________ ließ er unter allen verteilen.
36.	**Mk 6,45–52 Der Gang Jesu auf dem Wasser** Als sie ihn über den See gehen sahen, meinten sie er sei ein ____________________, …
37.	**Mk 6,53–56 Krankenheilungen in Gennesaret** … und bat ihn, er möge sie wenigstens den ____________________ berühren lassen.
38.	**Mk 7,1–23 Von Reinheit und Unreinheit** All dieses ____________________ kommt von ____________________ und macht den Menschen unrein.
39.	**Mk 7,24–30 Die Erhörung der Bitte einer heidnischen Frau** Geh nach Hause, der ____________________ hat deine Tochter verlassen.
40.	**Mk 7,31–37 Die Heilung eines Taubstummen** Er hat alles gut gemacht; er macht die ____________________ hören und die ____________________ sprechen.
41.	**Mk 8,1–10 Die Speisung der Viertausend** Dann sammelte man die übrig gebliebenen Brotstücke ein, ________ Körbe voll.
42.	**Mk 8,11–13 Die Verweigerung eines Zeichens** Dieser Generation wird niemals ein ____________________ gegeben werden.
43.	**Mk 8,14–21 Warnung vor den Pharisäern und vor Herodes** Gebt acht, hütet euch vor dem ____________________ der Pharisäer.
44.	**Mk 8,22–26 Die Heilung eines Blinden bei Betsaida** Er war geheilt und konnte alles ____________________ sehen.
45.	**Mk 8,27–30 Das Messiasbekenntnis des Petrus** Simon Petrus antwortete ihm: Du bist der ____________________!
46.	**Mk 8,31–33 Die erste Ankündigung von Leiden und Auferstehung** Dann begann er, sie darüber zu belehren, der ____________________ müsse vieles erleiden.
47.	**Mk 8,34–9,1 Von Nachfolge und Selbstverleugnung** Was nützt es einem Menschen, wenn er die ganze ____________________ gewinnt, dabei aber sein ____________________ einbüßt?
48.	**Mk 9,2–10 Die Verklärung Jesu** Das ist mein ____________________; auf ihn sollt ihr hören.
49.	**Mk 9,11–13 Von der Wiederkunft des Elija** Ich sage euch: Elija ist schon ____________________, …
50.	**Mk 9,14–29 Die Heilung eines besessenen Jungen** Ich glaube; hilf meinem ____________________!

B6

51.	**Mk 9,30–32 Die zweite Ankündigung von Leiden und Auferstehung** Aber sie verstanden den ______________________ nicht, …
52.	**Mk 9,33–37 Der Rangstreit der Jünger** Wer der Erste sein will, soll der ______________________ und der Diener aller sein.
53.	**Mk 9,38–41 Der fremde Wundertäter** Denn wer nicht gegen uns ist, der ist ______________________.
54.	**Mk 9,42–48 Warnung vor der Verführung** Wer einen von diesen Kleinen, die an mich glauben, zum Bösen verführt, für den wäre es besser, wenn er mit einem ______________________ ins Meer geworfen würde.
55.	**Mk 9,49–50 Vom Salz** Habt ______________________ in euch, und haltet ______________________ untereinander!
56.	**Mk 10,1 Aufbruch nach Judäa** Wieder versammelten sich viele Leute bei ihm, und er ______________________ sie, wie er es gewohnt war.
57.	**Mk 10,2–12 Von der Ehescheidung** Was aber Gott ______________________ hat, das darf der Mensch nicht trennen.
58.	**Mk 10,13–16 Die Segnung der Kinder** Lasst die Kinder zu mir kommen; ______________________ sie nicht daran!
59.	**Mk 10,17–31 Von Reichtum und Nachfolge** Denn für ______________________ ist alles möglich.
60.	**Mk 10,32–34 Die dritte Ankündigung von Leiden und Auferstehung** Sie werden ihn verspotten, anspucken, geißeln und ______________________.
61.	**Mk 10,35–45 Vom Herrschen und vom Dienen** Wer bei euch groß sein will, der soll euer ______________________ sein.
62.	**Mk 10,46–52 Die Heilung eines Blinden bei Jericho** Da warf er seinen ______________________ weg, sprang auf und lief auf Jesus zu.
63.	**Mk 11,1–11 Der Einzug in Jerusalem** Und er (Jesus) zog nach Jerusalem hinein, in den ______________________.
64.	**Mk 11,12–14 Die Verfluchung eines Feigenbaums** In Ewigkeit soll niemand mehr eine ______________________ von dir essen.
65.	**Mk 11,15–19 Die Tempelreinigung** Ihr aber habt daraus eine ______________________ gemacht.
66.	**Mk 11,20–25 Vom Glauben** Ihr müsst Glauben an ______________________ haben.
67.	**Mk 11,27–33 Die Frage nach der Vollmacht Jesu** Wer hat dir die ______________________ gegeben, das zu tun?

68.	**Mk 12,1–12 Das Gleichnis von den bösen Winzern** Der Stein, den die Bauleute verworfen haben, er ist zum ____________________ geworden.
69.	**Mk 12,13–17 Die Frage nach der kaiserlichen Steuer** So gebt dem ____________________, was dem Kaiser gehört, und ____________________, was Gott gehört!
70.	**Mk 12,18–27 Die Frage nach der Auferstehung der Toten** Er (Gott) ist doch nicht ein Gott von ____________________, sondern von ____________________.
71.	**Mk 12,28–34 Die Frage nach dem wichtigsten Gebot** Du bist nicht fern vom ____________________ ____________________.
72.	**Mk 12,35–37a Die Frage nach dem Messias** Der Herr sprach zu meinem Herrn: Setze dich mir zur ____________________.
73.	**Mk 12,37b–40 Worte gegen die Schriftgelehrten** Nehmt euch ____________________ vor den Schriftgelehrten!
74.	**Mk 12,41–44 Das Opfer der Witwe** Diese arme Witwe hat mehr in den ____________________ hineingeworfen als alle andern.
75.	**Mk 13,1–2 Die Ankündigung der Zerstörung des Tempels** Kein ____________________ wird auf dem andern bleiben, alles wird niedergerissen.
76.	**Mk 13,3–13 Vom Anfang der Not** Gebt acht, dass euch niemand ____________________!
77.	**Mk 13,14–23 Vom Höhepunkt der Not** Ich habe euch alles ____________________.
78.	**Mk 13,24–27 Vom Kommen des Menschensohnes** Dann wird man den Menschensohn mit großer ____________________ ____________________ ____________________ auf den Wolken kommen sehen.
79.	**Mk 13,28–37 Mahnungen im Hinblick auf das Ende** Himmel und Erde werden vergehen, aber meine ____________________ werden nicht vergehen.
80.	**Mk 14,1–2 Der Beschluss des Hohen Rates** Die Hohenpriester und die Schriftgelehrten suchten nach einer Möglichkeit, Jesus mit List ____________________ zu bringen, um ihn zu töten.
81.	**Mk 14,3–9 Die Salbung in Betanien** Sie hat im voraus meinen Leib für das ____________________ gesalbt.
82.	**Mk 14,10–11 Der Verrat durch Judas** Von da an suchte er nach einer günstigen Gelegenheit, ihn ____________________.

B6

83.	**Mk 14,12–16 Die Vorbereitung des Paschamahls** Sie fanden alles so, wie er es ihnen gesagt hatte, und bereiteten das __________ vor.
84.	**Mk 14,17–25 Das Mahl** Nehmt, das ist mein __________.
85.	**Mk 14,26–31 Der Gang zum Ölberg** Noch heute Nacht, ehe der Hahn __________ kräht, wirst du mich __________ verleugnen.
86.	**Mk 14,32–42 Das Gebet in Getsemani** Und er ging zurück und fand sie __________.
87.	**Mk 14,43–52 Die Gefangennahme** Der, den ich __________ werde, der ist es.
88.	**Mk 14,53–65 Das Verhör vor dem Hohen Rat** Er ist __________ und muss sterben.
89.	**Mk 14,66–72 Die Verleugnung durch Petrus** Und er begann zu __________.
90.	**Mk 15,1–15 Die Verhandlung vor Pilatus** Jesus aber gab keine __________ mehr, sodass Pilatus sich wunderte.
91.	**Mk 15,16–20a Die Verspottung Jesu durch die Soldaten** Dann legten sie ihm einen __________ um und flochten einen __________.
92.	**Mk 15,20b–32 Die Kreuzigung** Es war die __________, als sie ihn kreuzigten.
93.	**Mk 15,33–41 Der Tod Jesu** Jesus aber __________ __________ auf. Dann hauchte er den Geist aus.
94.	**Mk 15,42–47 Das Begräbnis Jesu** Dann wälzte er einen Stein vor den __________ __________ __________.
95.	**Mk 16,1–8 Die Botschaft des Engels im leeren Grab** Er ist __________; er ist nicht hier.
96.	**(Mk 16,9–20 Die Erscheinungen des Auferstandenen)** Geht hinaus in die ganze Welt, und verkündet das __________ allen Geschöpfen!

10. Entscheidende 200 Jahre – Die Entstehung des Neuen Testaments *(Jg. 5–7)*

Vorbereitung

- Zwei Schüler bereiten das Anspiel „Fragen an den Religionslehrer“ (**B 1**) vor.

Motivation / Themenfindung

- Zwei Schüler tragen das Anspiel „Fragen an den Religionslehrer“ (**B 1**) vor.

Begegnung

- L zeichnet **links außen** auf die aufgeklappte TA das Symbol ☧ (Christusmonogramm) oder hängt Poster des Christusmonogramms (**B 2**) an TA oder legt Folie von **B 2** auf.
  L erläutert das Symbol.
- L schreibt **rechts außen** auf die aufgeklappte TA die Buchstaben „NT“ (Neues Testament) oder hängt Poster „NT“ (**B 3**) an TA oder legt Folie von **B 3** auf.
  L erläutert die Buchstaben und zeigt eine Ausgabe des NT.
- Zwischen Christusmonogramm und „NT“ zeichnet L einen Zeitstrahl und teilt ihn in Jahrhunderte ein oder L legt Zeitstrahl (**B 4**) als Folie auf.
- L: Jesus wurde ungefähr im Jahr 7 vor Christus geboren.
  Ggf. bringt L zur Frage, warum Jesus nicht im Jahr „0“ geboren wurde, hierzu Lehrerinformation „Warum wurde Jesus nicht im Jahre ‚0‘ geboren?“ (**B 5**) ein.
- L: Das Buch, in dem alle wesentlichen Informationen über Jesus enthalten sind, ist das Neue Testament. Wann ist dieses Buch eurer Meinung nach entstanden?
  Sch stellen Vermutungen an.
  Jahreszahlen werden an STA rechts notiert.
- L trägt Infotext „Die Entstehung des Neuen Testaments“ (**B 6**) vor.
- L legt Folie „Zeittafel: Die Entstehung des Neuen Testaments“ (**B 7**) auf.
  L trägt Informationen vor. Dabei werden die Abschnitte der Folie nacheinander aufgedeckt.
- L notiert Daten und Stichworte auf dem Zeitstrahl an TA oder auf der Folie (**B 4**).
- L: „Die Bibel reicht an die Zeit Jesu heran“.
  Nehmt Stellung zu dieser Behauptung.

Vertiefung

- L erzählt die Geschichte „Das Evangelium verbreiten“ (**B 8**).
- L: „Wenn jeder Mensch eine Bibel in die Hand bekommt, breitet sich der Glaube ganz von alleine aus.“
  Nehmt Stellung zu dieser Behauptung.

Sicherung

- Sch bearbeiten AB „Entscheidende 200 Jahre – Die Entstehung des Neuen Testaments“ (**B 9**).

B1

Fragen an den Religionslehrer – Anspiel

Schüler:
Wir haben in der letzten Stunde gehört, dass Markus sein Evangelium erst um 70 nach Christus geschrieben hat.

Religionslehrer:
Das stimmt. Die meisten Wissenschaftler nehmen an, dass Markus sein Evangelium erst geschrieben hat, nachdem die Stadt Jerusalem von den Römern erobert und zertört worden war. Und das war im Jahr 69 n. Chr. Erst kurz danach wurde das Markusevangelium geschrieben.

Schüler:
Ist das nicht ziemlich spät?

Religionslehrer:
Wie meinst du das?

Schüler:
Wie können wir sicher sein, dass Markus nur das aufgeschrieben hat, was wirklich auf Jesus zurückgeht?

Religionslehrer:
Das ist eine gute Frage. Aber wir haben sie eigentlich schon beantwortet.

Schüler:
Das verstehe ich nicht.

Religionslehrer:
Erinnere dich, wie Markus sein Evangelium verfasst hat.

Schüler:
Ach so, Sie meinen vielleicht die Schriftrollen, die auf dem Schreibtisch des Markus lagen.

Religionslehrer:
Und was lässt sich daraus schließen?

B2

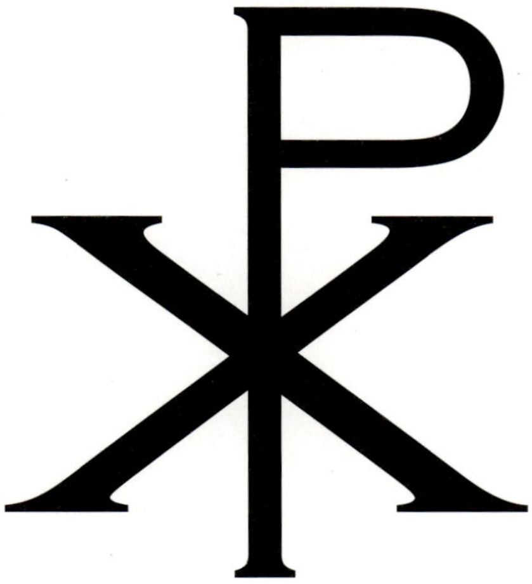

B3

NT

B4

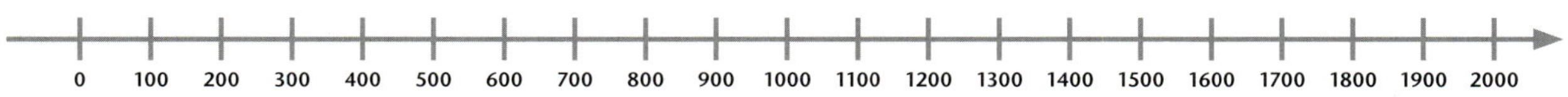

B5

Warum wurde Jesus nicht im Jahre „0“ geboren? – Lehrerinformation

Die „christliche Zeitrechnung“, also die Berechnung der Jahre mit Christus als Berechnungsmittelpunkt („vor Christus“ und „nach Christus“), gibt es erst seit ungefähr 500 nach Christus. Der Mönch Dionysius hat die Berechnung gemacht, die dann für die christlichen Länder gültig wurde. Damals nahm man tatsächlich an, Jesus sei im Jahr 0 geboren worden.
Bei späteren Vergleichen der Angaben der Bibel mit den historischen Ereignissen stellte man aber Berechnungsfehler fest. Seitdem nimmt man an, dass Jesus vermutlich schon im Jahr 7 vor Christus geboren wurde.

B6

Die Entstehung des Neuen Testaments – Infotext

Hauptinhalt des Neuen Testaments ist das Leben und Wirken Jesu und die Ereignisse in den kurz danach entstehenden christlichen Gemeinden.
Aus der Zeit des Lebens Jesu ist uns nichts Schriftliches von Jesus überliefert. Erst nach seinem Tod und durch die Erfahrung seiner Auferstehung wurden die Worte und Taten Jesu aufgeschrieben. Es entstand zum Beispiel eine Sammlung von Aussprüchen Jesu, die uns in dieser Form nicht mehr erhalten ist. Wahrscheinlich stammen einige Abschnitte der Evangelien des Matthäus und Lukas aus dieser Quelle.
Die älteste Schrift des Neuen Testaments ist wahrscheinlich der 1. Brief des Apostels Paulus an die Gemeinde in Thessalonich in Griechenland aus dem Jahr 50 nach Christus. In den folgenden Jahrzehnten entstanden die übrigen Schriften.

B8

Das Evangelium verbreiten – Geschichte

Vor einiger Zeit fand eine internationale Jugendtagung statt, auf der man sich beriet, wie das Evangelium am besten verbreitet werden könne.
Die jungen Menschen sprachen vor allem von groß angelegten Werbefeldzügen in den modernen Massenmedien und über das massenhafte Verteilen von Bibeln. Da meldete sich ein junges Mädchen aus Afrika zu Wort und sagte: „Wir schicken in die Dörfer, die wir für das Evangelium gewinnen möchten, keine Schriften. Wir schicken eine gläubige Familie dorthin, damit die Dorfbewohner sehen, was christliches Leben ist.“

Zeittafel: Die Entstehung des Neuen Testaments

B7

um 7 v. Chr.	Geburt Jesu
um 27–30 n. Chr.	Jesus tritt öffentlich auf und wirkt in Palästina.
ab 30 n. Chr.	Mündliche Überlieferungen der Augenzeugen werden verbreitet, erste schriftliche Aufzeichnungen entstehen.
ca. 50–64 n. Chr.	Der Apostel Paulus schreibt Briefe an verschiedene Gemeinden.
ab 70–100 n. Chr.	Die vier Evangelien werden aufgeschrieben.
ab 100 n. Chr.	Die biblischen Schriften werden immer wieder abgeschrieben und verbreitet.
ca. 144 n. Chr.	Christen beginnen, die Schriften zu einer Sammlung zusammenzustellen.
ca. 200 n. Chr.	Die Sammlung der Schriften ist im Wesentlichen abgeschlossen. Die 27 Schriften werden als „Kanon" bezeichnet, das bedeutet „verbindlich anerkannte Schriften".
ca. 1200 n. Chr.	Die älteste vollständige Handschrift von Homer wird abgeschrieben.

Entscheidende 200 Jahre – Die Entstehung des Neuen Testaments

B9

um 7 v. Chr.	______________________
um 27–30 n. Chr.	Jesus tritt öffentlich auf und wirkt in ______________________.
ab 30 n. Chr.	______________ Überlieferungen der Augenzeugen werden verbreitet, erste schriftliche ______________________ entstehen.
ca. 50–64 n. Chr.	Der Apostel Paulus schreibt ______________ an verschiedene Gemeinden.
ab 70–100 n. Chr.	Die vier ______________________ werden aufgeschrieben.
ab 100 n. Chr.	Die biblischen Schriften werden immer wieder ______________________ und verbreitet.
ca. 144 n. Chr.	Christen beginnen, die Schriften zu einer ______________________ zusammenzustellen.
ca. 200 n. Chr.	Die Sammlung der Schriften ist im Wesentlichen abgeschlossen. Die 27 Schriften werden als „______________________" bezeichnet, das bedeutet „______________________ anerkannte Schriften".
ca. 1200 n. Chr.	Die älteste vollständige Handschrift von ______________________ wird abgeschrieben.

1. Trage die richtigen Lückenwörter ein:
   abgeschrieben – Briefe – Aufzeichnungen – Evangelien – Geburt Jesu – Homer – Kanon – Mündliche – Palästina – Sammlung – verbindlich
2. Trage Daten und Stichwörter in den Zeitstrahl ein.

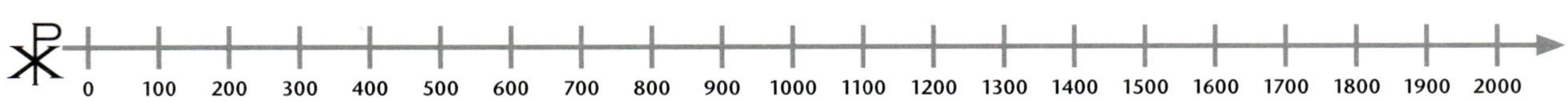

11. Wer schrieb von wem ab? – Die synoptischen Evangelien *(Jg. 5–10)*

Vorbereitung

- L brennt „Folienschnipsel Zwei-Quellen-Theorie" (**B 7**) als Folie und zerschneidet sie in die einzelnen Teile.

Motivation / Themenfindung

- L: Wer von euch hat schon einmal gespickt, in welchem Fach und warum?
  Sch bringen „Erfahrungen" ein.
- L: Aus vorliegenden „Quellen" abzuschreiben und daraus mit eigenen Ideen zusammen etwas Neues zu machen, das hat es schon damals gegeben, als einige Jahre nach dem Tod Jesu die ersten Evangelien entstanden.
- L: Viermal wird die frohe Botschaft des Christentums von vier Evangelisten erzählt: Markus, Matthäus, Lukas und Johannes.
- L: Das älteste Evangelium ist das von Markus. Wie es entstanden sein könnte, haben wir gehört.
- L: Wenn es aber nun vier Evangelien gibt, dann stellen sich Fragen (PA).
  Fragen der Sch werden notiert (STA).

Erarbeitung

- L: Die Evangelisten nach Markus – Matthäus und Lukas – haben viel von Markus abgeschrieben. Aber sie haben noch andere Quellen gehabt.
  L legt „Quellen der Synoptiker" (**B 1**) als Folie auf und erläutert sie.
- L: Wie sich das an einem Text nachweisen lässt, wollen wir an einem Beispiel erarbeiten.
  L verteilt die „Synoptische Tabelle: Der Beschluss des Hohen Rates, Jesus zu töten" (**B 2**).
  L erläutert die Struktur der synoptischen Tabelle.
- L: Lest die drei Texte (**B 2**) durch und vergleicht sie (PA):
  - Unterstreicht die Wörter, die in allen **drei** Texten vorkommen, mit **Rot**.
  - Unterstreicht die Wörter, die nur in **zwei** Texten gleich sind, mit **Blau**.
  - Unterstreicht die Wörter, die nur in **einem** Text zu finden sind, mit **Grün**.
- Sch tragen ihre Ergebnisse vor (vgl. Lösung **B 3**).

Alternativ

- L: Die synoptischen Evangelien berichten viele Ereignisse in ziemlich ähnlicher Weise.
  Lest Textblatt „Die Botschaft des Engels im leeren Grab" (**B 4**).
  L: Findet ihr schon sofort Unterschiede oder Übereinstimmungen?
- L verteilt AB „Synoptischer Vergleich: Die Botschaft des Engels im leeren Grab" (**B 5**).
  L: Findet etwas genauer heraus, wo sich die Erzählungen unterscheiden und was ihnen gemeinsam ist.
- Die Ergebnisse werden verglichen, vgl. „Synoptischer Vergleich: Die Botschaft des Engels im leeren Grab – Lösung" (**B 6**).

Vertiefung

- L: Was ihr herausgefunden habt, haben die Bibelwissenschaftler in einer Theorie zusammengefasst, in der sogenannten „Zwei-Quellen-Theorie".
  L legt ungeordnet die zerschnittenen „Folienschnipsel Zwei-Quellen-Theorie" (**B 7**) auf den OHP.
  L ordnet die Folienschnipsel entsprechend der Vorlage „Folien-Schnipsel Zwei-Quellen-Theorie – Lösung" (**B 8**) und erläutert dabei die Zwei-Quellen-Theorie mithilfe des Infotextes auf dem AB (**B 9**).
- L veranschaulicht die Zwei-Quellen-Theorie durch die Ergebnisse des synoptischen Vergleichs „Der Beschluss des Hohen Rates, Jesus zu töten":
  - Rote (in Lösung **B 3** unterstrichene) Textstellen haben Mt und Lk von Mk übernommen, weil Mk das ältere Evangelium ist. Mk ist also eine Quelle für Mt und Lk.
  - Blaue (in Lösung **B 3 fett** gedruckte) Textstellen haben **nur** Mt oder **nur** Lk von Mk übernommen.
  - Grüne (in Lösung **B 3** *kursiv* gedruckte) Textstellen sind Sondergut von Mt oder Lk.
  - Die Spruchsammlung Quelle Q kommt in diesem Beispiel nicht vor.

Sicherung

- Sch übertragen die Ergebnisse auf AB „Wer schrieb von wem ab? – Die Zwei-Quellen-Theorie" (**B 9**) und lesen den Infotext.

B1

Quellen der Synoptiker

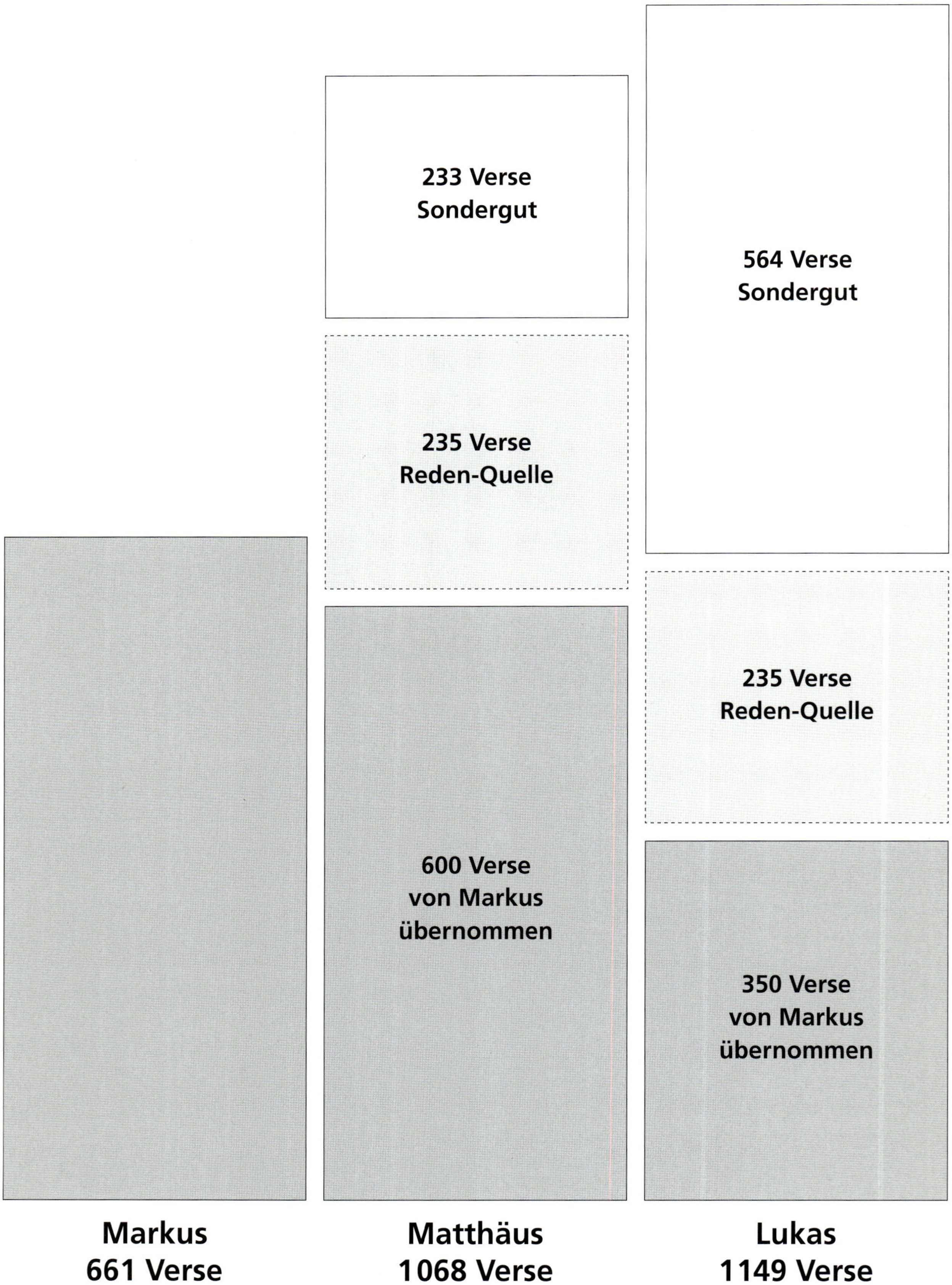

B2

Synoptische Tabelle: Der Beschluss des Hohen Rates, Jesus zu töten

Mt 26,1–5	Mk 14,1–2	Lk 22,1–2
Als Jesus seine Reden beendet hatte, sagte er zu seinen Jüngern: Ihr wisst, dass in zwei Tagen das Paschafest beginnt;	Es war zwei Tage vor dem Pascha und dem Fest der Ungesäuerten Brote.	Das Fest der Ungesäuerten Brote, das Pascha genannt wird, war nahe.
da wird der Menschensohn ausgeliefert und gekreuzigt werden. Um die gleiche Zeit versammelten sich die Hohenpriester und die Ältesten des Volkes im		
Palast des Hohenpriesters, der Kajaphas hieß, und beschlossen, Jesus mit List in ihre Gewalt zu bringen und ihn zu töten.	Die Hohenpriester und die Schriftgelehrten suchten nach einer Möglichkeit, Jesus mit List in ihre Gewalt zu bringen, um ihn zu töten.	Und die Hohenpriester und die Schriftgelehrten suchten nach einer Möglichkeit, Jesus (unauffällig) zu beseitigen;
Sie sagten aber: Ja nicht am Fest, damit kein Aufruhr im Volk entsteht.	Sie sagten aber: Ja nicht am Fest, damit es im Volk keinen Aufruhr gibt.	denn sie fürchteten sich vor dem Volk.

Lest die drei Texte durch und vergleicht sie:
- Unterstreicht die Stellen, die in allen **drei** Texten gleich sind, mit **Rot**.
- Unterstreicht die Stellen, die nur in **zwei** Texten gleich sind, mit **Blau**.
- Unterstreicht die Stellen, die sich nur in **einem** Text finden, mit **Grün**.

B3

Synoptische Tabelle: Der Beschluss des Hohen Rates, Jesus zu töten – Lösung

Mt 26,1–5	Mk 14,1–2	Lk 22,1–2
Als Jesus seine Reden beendet hatte, sagte er zu seinen Jüngern: Ihr wisst, dass in **zwei Tagen** das Paschafest beginnt;	Es war **zwei Tage** vor dem Pascha und dem **Fest der Ungesäuerten Brote**.	Das **Fest der Ungesäuerten Brote**, das Pascha genannt wird, war nahe.
da wird der Menschensohn ausgeliefert und gekreuzigt werden. *Um die gleiche Zeit versammelten sich* die Hohenpriester *und die Ältesten des Volkes im Palast des Hohenpriesters, der Kajaphas hieß, und* beschlossen, Jesus mit List in ihre Gewalt zu bringen und ihn zu töten.	Die Hohenpriester **und die Schriftgelehrten** suchten nach einer Möglichkeit, Jesus mit List in ihre Gewalt zu bringen, um ihn zu töten.	Und die Hohenpriester **und die Schriftgelehrten** suchten nach einer Möglichkeit, Jesus (unauffällig) zu beseitigen;
Sie sagten aber: Ja nicht am Fest, damit kein Aufruhr im Volk entsteht.	**Sie sagten aber: Ja nicht am Fest, damit es im Volk keinen Aufruhr gibt.**	*denn sie fürchteten sich vor dem Volk.*

Lest die drei Texte durch und vergleicht sie:
- Unterstreicht die Stellen, die in allen **drei** Texten gleich sind, mit **Rot**.
- Unterstreicht die Stellen, die nur in **zwei** Texten gleich sind, mit **Blau**.
- Unterstreicht die Stellen, die sich nur in **einem** Text finden, mit **Grün**.

Rot = unterstrichen
Blau = **fett**
Grün = *kursiv*

B4

Die Botschaft des Engels im leeren Grab

Alle vier Evangelien berichten von der Auferstehung Jesu, insbesondere von der Botschaft des Engels im leeren Grab. Auch das Evangelium nach Johannes erzählt davon. Um den Vergleich nicht zu kompliziert zu machen, wurde der Text hier nicht abgedruckt. Du kannst ihn aber im Neuen Testament nachlesen: Joh 20,1–10.

Mk 16,1–8

1 Als der Sabbat vorüber war, kauften Maria aus Magdala, Maria, die Mutter des Jakobus, und Salome wohlriechende Öle, um damit zum Grab zu gehen und Jesus zu salben.

2 Am ersten Tag der Woche kamen sie in aller Frühe zum Grab, als eben die Sonne aufging.

3 Sie sagten zueinander: Wer könnte uns den Stein vom Eingang des Grabes wegwälzen?

4 Doch als sie hinblickten, sahen sie, dass der Stein schon weggewälzt war; er war sehr groß.

5 Sie gingen in das Grab hinein und sahen auf der rechten Seite einen jungen Mann sitzen, der mit einem weißen Gewand bekleidet war; da erschraken sie sehr.

6 Er aber sagte zu ihnen: Erschreckt nicht! Ihr sucht Jesus von Nazaret, den Gekreuzigten. Er ist auferstanden; er ist nicht hier. Seht, da ist die Stelle, wo man ihn hingelegt hatte.

7 Nun aber geht und sagt seinen Jüngern, vor allem Petrus: Er geht euch voraus nach Galiläa; dort werdet ihr ihn sehen, wie er es euch gesagt hat.

8 Da verließen sie das Grab und flohen; denn Schrecken und Entsetzen hatte sie gepackt. Und sie sagten niemand etwas davon; denn sie fürchteten sich.

Mt 28,1–8

1 Nach dem Sabbat kamen in der Morgendämmerung des ersten Tages der Woche Maria aus Magdala und die andere Maria, um nach dem Grab zu sehen.

2 Plötzlich entstand ein gewaltiges Erdbeben; denn ein Engel des Herrn kam vom Himmel herab, trat an das Grab, wälzte den Stein weg und setzte sich darauf.

3 Seine Gestalt leuchtete wie ein Blitz und sein Gewand war weiß wie Schnee.

4 Die Wächter begannen vor Angst zu zittern und fielen wie tot zu Boden.

5 Der Engel aber sagte zu den Frauen: Fürchtet euch nicht! Ich weiß, ihr sucht Jesus, den Gekreuzigten.

6 Er ist nicht hier; denn er ist auferstanden, wie er gesagt hat. Kommt her und seht euch die Stelle an, wo er lag.

7 Dann geht schnell zu seinen Jüngern und sagt ihnen: Er ist von den Toten auferstanden. Er geht euch voraus nach Galiläa, dort werdet ihr ihn sehen. Ich habe es euch gesagt.

8 Sogleich verließen sie das Grab und eilten voll Furcht und großer Freude zu seinen Jüngern, um ihnen die Botschaft zu verkünden.

Lk 24,1–10

1 Am ersten Tag der Woche gingen die Frauen mit den wohlriechenden Salben, die sie zubereitet hatten, in aller Frühe zum Grab.

2 Da sahen sie, dass der Stein vom Grab weggewälzt war;

3 sie gingen hinein, aber den Leichnam Jesu, des Herrn, fanden sie nicht.

4 Während sie ratlos dastanden, traten zwei Männer in leuchtenden Gewändern zu ihnen.

5 Die Frauen erschraken und blickten zu Boden. Die Männer aber sagten zu ihnen: Was sucht ihr den Lebenden bei den Toten?

6 Er ist nicht hier, sondern er ist auferstanden. Erinnert euch an das, was er euch gesagt hat, als er noch in Galiläa war:

7 Der Menschensohn muss den Sündern ausgeliefert und gekreuzigt werden und am dritten Tag auferstehen.

8 Da erinnerten sie sich an seine Worte.

9 Und sie kehrten vom Grab in die Stadt zurück und berichteten alles den Elf und den anderen Jüngern.

10 Es waren Maria Magdalene, Johanna und Maria, die Mutter des Jakobus; auch die übrigen Frauen, die bei ihnen waren, erzählten es den Aposteln.

Synoptischer Vergleich: Die Botschaft des Engels im leeren Grab

B5

	Mk 16,1–8	Mt 28,1–8	Lk 24,1–10
Wer geht zum Grab?			
Warum gehen die Frauen zum Grab?			
Wen treffen sie am Grab?			
Was wird über den Stein berichtet?			
Welchen Auftrag erhalten die Frauen?			
Was wird über Jesus berichtet?			
In welcher Stimmung verlassen die Frauen das Grab?			

Synoptischer Vergleich: Die Botschaft des Engels im leeren Grab – Lösung

B6

	Mk 16,1–8	Mt 28,1–8	Lk 24,1–10
Wer geht zum Grab?	3 Frauen: • Maria von Magdala • Maria, die Mutter des Jakobus • Salome	2 Frauen: • Maria aus Magdala • die andere Maria	Frauen • unbestimmte Zahl und keine Namen
Warum gehen die Frauen zum Grab?	um Jesus zu salben	um nach dem Grab zu sehen	um Jesus zu salben
Wen treffen sie am Grab?	einen jungen Mann in einem weißen Gewand	einen Engel des Herrn in einem Gewand wie Schnee	zwei Männer in leuchtenden Gewändern
Was wird über den Stein berichtet?	Er war schon weggewälzt.	Er wird vom Engel weggewälzt.	Er war schon weggewälzt.
Welchen Auftrag erhalten die Frauen?	Sie sollen den Jüngern berichten.	Sie sollen den Jüngern berichten.	kein direkter Auftrag
Was wird über Jesus berichtet?	Er ist auferstanden.	Er ist auferstanden.	Er ist auferstanden.
In welcher Stimmung verlassen die Frauen das Grab?	Flucht mit Schrecken und Entsetzen	Eile mit Furcht und großer Freude	einfache Rückkehr

B7

Folienschnipsel Zwei-Quellen-Theorie

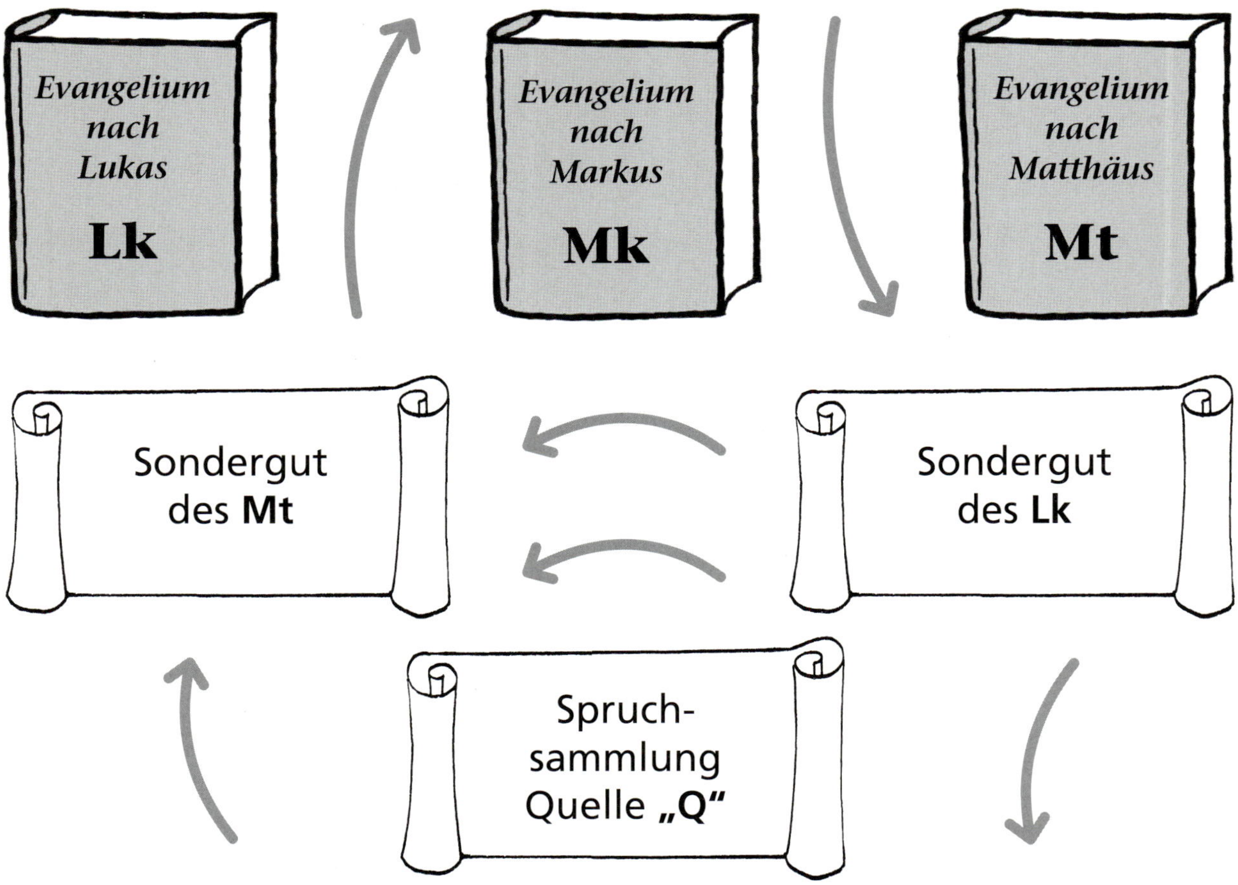

B8

Folienschnipsel Zwei-Quellen-Theorie – Lösung

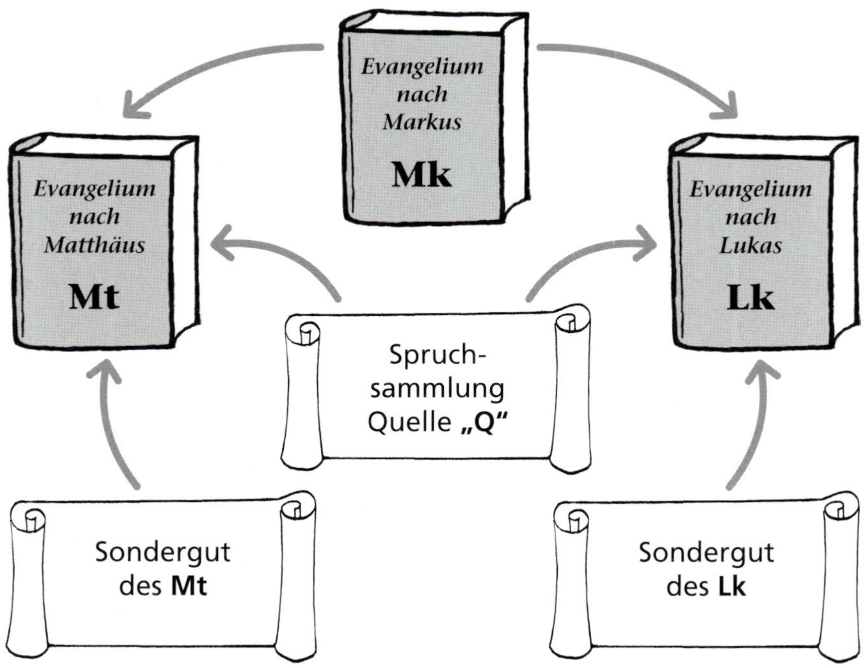

Wer schrieb von wem ab? – Die Zwei-Quellen-Theorie

B9

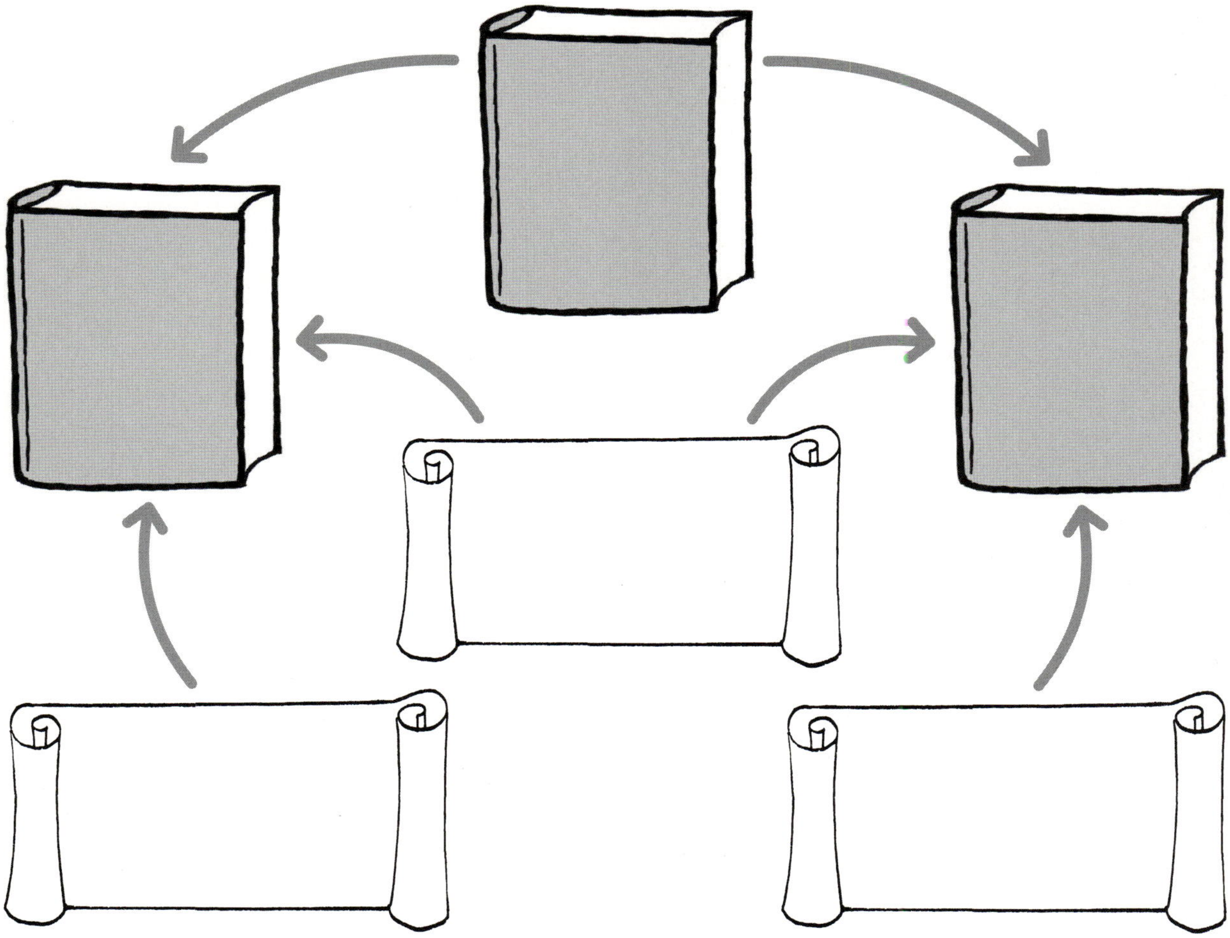

Infotext

- Das Markusevangelium ist nach Überzeugung der meisten Bibelwissenschaftler das älteste Evangelium.
- Die Evangelisten Matthäus und Lukas haben das Markusevangelium gekannt und es als Vorlage für ihre eigenen Evangelien herangezogen. Das Markusevangelium ist daher die wichtigste Quelle für Matthäus und Lukas.
- Daneben haben beide aber noch eine zweite gemeinsame Quelle benutzt. Weil es sich bei dieser Quelle vorwiegend um Jesusworte handelt, hat man diese Quelle „Spruchquelle" (Fachausdruck: Logienquelle) genannt. Manchmal wird diese Quelle einfach nur „Q" genannt.
- Schließlich haben Matthäus und Lukas viele zusätzliche Texte in ihr Evangelium übernommen, die nicht von Markus oder aus der Quelle Q stammen. Diese Verse werden „Sondergut" genannt. Jeder der beiden Evangelisten hat sein eigenes Sondergut.

Trage in das Schaubild ein, wer von wem abgeschrieben hat und welche Quellen dabei hinzugezogen wurden. Der Infotext hilft dir dabei.

12. Papyrus – eine ganz besondere Art von Papier *(Jg. 5–7)*

Vorbereitung

- L besorgt:
  - Papyruspflanze (Gärtnerei)
  - unbeschriebenen oder beschriebenen/bemalten Papyrus (über das Internet erhältlich)
  - Holzspäne, ca. 1,5 cm breit und 10–15 cm lang oder entsprechende Papierstreifen. Die Späne gibt es als Rollen in Bastelgeschäften.
  - Bastelunterlagen und Kleber

Motivation / Themenfindung

- L zeigt eine Papyruspflanze und gibt sie herum und anschließend ein Stück (unbeschriebenen oder beschriebenen / bemalten) Papyrus.
  Sch bringen ihr Vorwissen ein.
- L: Überlegt, wie aus der Pflanze dieses Schreibmaterial werden kann.
  Sch stellen Vermutungen an.

Erarbeitung

- L: Diese Pflanze ist jahrhundertelang Grundlage eines wichtigen Schreibmaterials gewesen.
  L informiert / Sch lesen „Papyrus – eine ganz besondere Art von Papier" (**B 1**).

Vertiefung

- L: Papyrus ist das älteste Schreibmaterial, auf das die Bibel geschrieben wurde. Bis zum Ende des 1. Jhd. gab es zahlreiche Abschriften der biblischen Schriften auf Papyrus. Das wohl älteste bekannte und auch bedeutendste Fragment (Bruchstück) des Neuen Testaments auf Papyrus ist der P (Papyrus) 52, der aus der Zeit um 125 n. Chr. stammt. Auf ihm ist ein Ausschnitt aus dem Johannesevangelium geschrieben.
  L legt Bild von P 52 (**B 2**) als Folie auf und bringt Informationen (**B 2**) ein.
- L: Eine viel größere Papyrushandschrift ist der P 66.
  L legt Bild von P 66 (**B 3**) als Folie auf und bringt Informationen (**B 3**) ein.

Sicherung

- Sch bearbeiten AB „Papyrus – eine ganz besondere Art von Papier" (**B 4**).

Umsetzung / Hausaufgabe

- L: Damit ihr besser versteht, wie Papyrus hergestellt wird, wollen wir ein Stück Papyrus basteln.
  - Legt zehn Holzspäne (Papierstreifen) auf einer Bastelunterlage möglichst ohne Zwischenraum eng nebeneinander.
  - Klebt zehn andere Holzspäne (Papierstreifen) **quer** über die gelegten Holzspäne (Papierstreifen).
  - Beschwert die Holzspäne (Papierstreifen) mit einem Gegenstand (z. B. einem Buch) und lasst den Kleber trocknen.
  - Beschriftet in schöner Schrift den so entstandenen „Papyrus" mit einem Satz aus der Bibel, der euch besonders anspricht.
    Hier sind ein paar Vorschläge.
    Das Ergebnis nennt man eine „Kalligrafie"
    L legt „Bibelstellen für Kalligrafie" (**B 5**) als Folie auf.

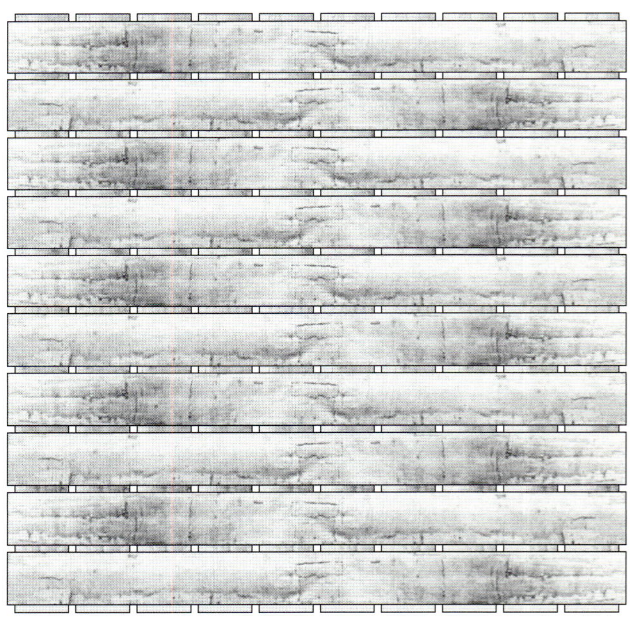

B1

Papyrus – eine ganz besondere Art von Papier

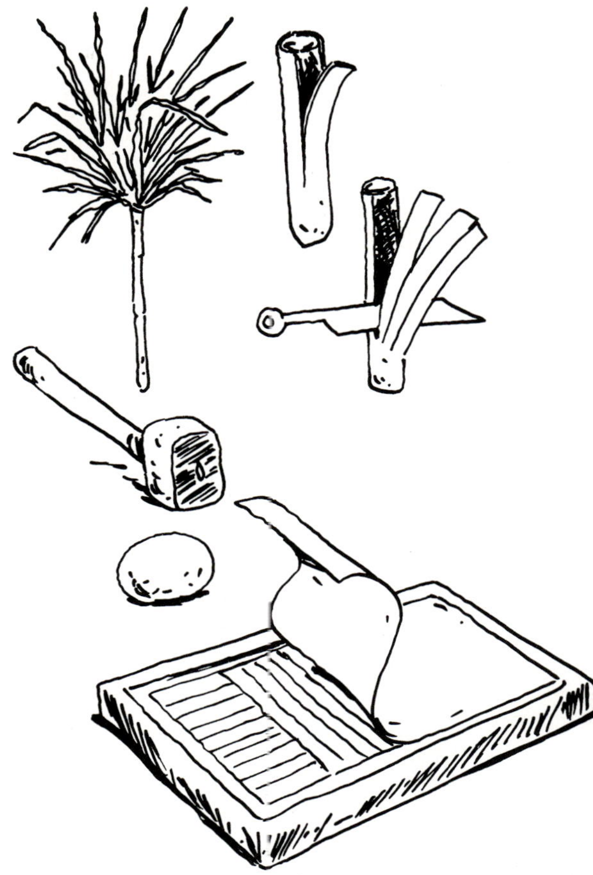

Unsere Bibel ist ein sehr altes Buch. Sie ist etwa um 1000 v. Chr. bis 100 n. Chr. entstanden. In dieser Zeit gab es noch kein Papier. Man schrieb damals vor allem auf Papyrus und Leder. Leder besteht aus Tierhaut. Papyrus dagegen wurde aus dem Stamm der Papyrusstaude hergestellt.

Man schnitt das gelbliche Mark in dünne Streifen und legte diese nebeneinander. Eine zweite Lage wurde quer über die erste gelegt und durch Pressen mit ihr verbunden. Dabei floss Pflanzensaft heraus. Diese klebrige Flüssigkeit wirkte wie Klebstoff und verband die übereinanderliegenden Streifen. Nach dem Trocknen und Polieren waren die Blätter gebrauchsfertig. Beschrieben wurde Papyrus in Ägypten mit einer tuscheähnlichen Flüssigkeit aus Ruß und Wasser. In Griechenland verwendete man Tinte aus dem Tintenbeutelsekret von Tintenfischen. Geschrieben wurde mit einem Schreibrohr, das vorne zugespitzt und nach Art einer Feder gespalten war.

Einzelne Papyrusblätter reichten für die Niederschrift eines gewöhnlichen Briefes aus. Benötigte man eine größere Schreibfläche, so klebte man mehrere Blätter aneinander, bis sie einen etwa drei bis sieben Meter langen und etwa 20 bis 30 cm breiten Streifen bildeten. Ein Ende längerer Papyrusstreifen (oder beide Enden) versah man oft mit Stäben, um die Streifen bequemer auf- und abrollen zu können. Auch aus Leder stellte man solche Rollen her, indem man einzelne Lederblätter mit Tiersehnen zusammennähte.

Das waren die Bücher des Altertums. Genauso sah auch die Bibel aus. Man nennt diese Art von Büchern Schriftrollen. Leider haben diese Schreibmaterialien – besonders Papyrus – einen großen Nachteil. Sie ziehen leicht Feuchtigkeit an und sind deshalb nur begrenzt haltbar. Damit die Rollen nicht durch Feuchtigkeit beschädigt wurden, wickelte man sie in Leinentücher ein und bewahrte sie in Tonkrügen oder Holzkästen auf.

B2

P 52

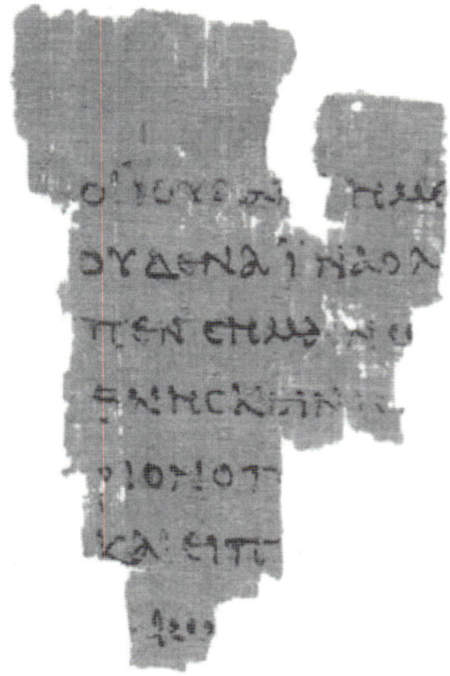

Material: Papyrus

Sprache: griechisch

Größe: 8,9 × 6 cm

Schriftstelle: Joh 18,31–33 (Vorderseite)

Datierung: ca. 100–125 n. Chr.

Fundort: Ägypten

Aufbewahrungsort: England/Manchester

Entdeckungsdatum: 1920

B3

P 66 (Bodmer II)

Material: Papyrus

Sprache: griechisch

Größe: 14,2 × 16,2 cm

Schriftstelle: Joh 1,1–14: Überschrift:
Evangelium nach Johannes,
Im Anfang war das Wort ... usw.

Datierung: ca. 200 n. Chr.
(möglicherweise auch 125 n. Chr.)

Fundort: Jabal Abu Mana in Ägypten, nicht weit von Nag Hammadi

Entdeckungsdatum: 1952. Ein Händler kaufte 1956 in Ägypten eine große Papyrussammlung und brachte sie in die Schweiz. Darin wurde der P 66 entdeckt.

Umfang: 78 Blatt (= 39 Doppelblätter)

Dass eine Papyrushandschrift nach über 1750 Jahren noch in einem derartigen Zustand erhalten sein konnte, hätte bis dahin niemand für möglich gehalten. Man kann sogar noch die alten Heftungen der Lagen und Reste der dafür verwendeten Papyrusstreifen usw. erkennen.

Papyrus – eine ganz besondere Art von Papier

B4

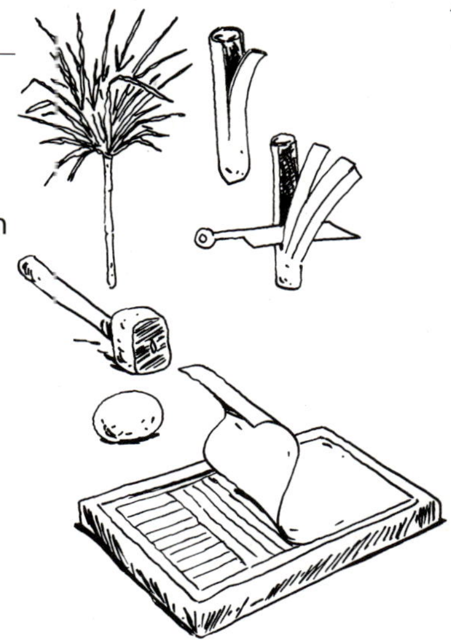

Unsere Bibel ist ein sehr altes Buch. Sie ist etwa um __________ bis 100 n. Chr. entstanden. In dieser Zeit gab es noch kein Papier. Man schrieb damals vor allem auf __________ und Leder. Leder besteht aus __________. Papyrus dagegen wurde aus dem Stamm der Papyrusstaude hergestellt. Man schnitt das gelbliche Mark in dünne __________ und legte diese nebeneinander. Eine zweite Lage wurde quer über die erste gelegt und durch __________ mit ihr verbunden. Dabei floss Pflanzensaft heraus. Diese klebrige Flüssigkeit wirkte wie __________ und verband die übereinanderliegenden Streifen. Nach dem Trocknen und __________ waren die Blätter gebrauchsfertig. Beschrieben wurde Papyrus in Ägypten mit einer tuscheähnlichen Flüssigkeit aus __________ und Wasser. In Griechenland verwendete man Tinte aus dem __________ von Tintenfischen. Geschrieben wurde mit einem Schreibrohr, das vorne zugespitzt und nach Art einer Feder __________ war. Einzelne Papyrusblätter reichten für die Niederschrift eines gewöhnlichen Briefes aus. Benötigte man eine größere Schreibfläche, so klebte man mehrere Blätter aneinander, bis sie einen etwa drei bis __________ Meter langen und etwa 20 bis 30 cm breiten Streifen bildeten. Ein Ende längerer Papyrusstreifen (oder beide Enden) versah man oft mit __________, um die Streifen bequemer auf- und abrollen zu können. Auch aus Leder stellte man solche Rollen her, indem man einzelne Lederblätter mit __________ zusammennähte. Das waren die Bücher des Altertums. Genauso sah auch die Bibel aus. Man nennt diese Art von Büchern __________. Leider haben diese Schreibmaterialien – besonders Papyrus – einen großen Nachteil. Sie ziehen leicht __________ an und sind deshalb nur begrenzt haltbar. Damit die Rollen nicht durch Feuchtigkeit beschädigt wurden, wickelte man sie in Leinentücher ein und bewahrte sie in __________ oder Holzkästen auf.

Fülle die Lücken. Die Lückenwörter sind in unten stehendem grauen Kasten aufgeführt.

gespalten – Feuchtigkeit – Tintenbeutelsekret – Klebstoff – Ruß – Streifen – Tierhaut – Tonkrügen – Polieren – Stäben – 1000 v. Chr. – Pressen – Papyrus – sieben – Tiersehnen – Schriftrollen

Bibelstellen für Kalligrafie

Lobe den Herrn meine Seele, und vergiss nicht,
was er dir Gutes getan hat.

Psalm 103,2

Fürchte dich nicht, denn ich habe dich ausgelöst;
ich habe dich beim Namen gerufen, du gehörst mir!

Jesaja 43,1

SELIG DIE TRAUERNDEN;
DENN SIE WERDEN GETRÖSTET WERDEN.

MATTHÄUS 5,4

Selig, die Frieden stiften, denn Sie werden
Söhne Gottes genannt werden.

Matthäus 5,9

Du sollst den Herrn, deinen Gott, lieben mit ganzem Herzen, mit
ganzer Seele und mit all deinen Gedanken. Ebenso wichtig ist [...]:
Du sollst deinen nächsten lieben wie dich selbst.

Matthäus 22,34

Denn ich bin gewiss: Weder Tod noch Leben [...]
können uns scheiden von der Liebe Gottes,
die in Christus Jesus ist, unserem Herrn.

Römer 8,38

Die Liebe ist langmütig, die Liebe ist gütig. Sie erträgt alles,
glaubt alles, hofft alles, hält allem stand.

1 Korinther 13,4 u. 7

13. Von der Pergamenthandschrift zum gedruckten Buch *(Jg. 5–7)*

Vorbereitung

- L besorgt:
  - eine Schriftrolle aus Pergament
  - Faksimile oder Bilder einer möglichst kostbaren mittelalterlichen Bibelausgabe (z. B. vom Book of Kells, Codex Argenteus, Das Goldene Evangelienbuch von Echternach, Krönungsevangeliar der deutschen Kaiser und Könige, Wiener Genesis, Evangeliar Heinrichs des Löwen, Wenzelsbibel)
  - ggf. kleine Pergamentblätter oder Pergamentpapier

Motivation / Themenfindung

- L zeigt ein Stück unbeschriebenes Pergament.
  Sch stellen Vermutungen an und bringen ihr Vorwissen ein.
- L zeigt eine möglichst kostbare mittelalterliche Bibelausgabe (Faksimile oder Bilder z. B. vom Book of Kells, Codex Argenteus, Das Goldene Evangelienbuch von Echternach, Krönungsevangeliar der deutschen Kaiser und Könige, Wiener Genesis, Evangeliar Heinrichs des Löwen, Wenzelsbibel).
- L: Habt ihr eine Idee, wer diese kunstvollen Buchseiten geschrieben und gemalt haben könnte? Welche Techniken musste man dafür beherrschen?
  Sch stellen Vermutungen an.
- L: Warum wurde für das Abschreiben der Bibel so viel Zeit verwendet und warum wurden so kostbare und teure Materialien verwendet?

Begegnung

- L erzählt / Sch lesen „Von der Pergamenthandschrift zum gedruckten Buch“ (**B 1**).
- L hängt / legt „Bilder zum Buchdruck“ (**B 3**) als Poster / Folien auf.
  Sch beschreiben und bringen ihr Vorwissen ein.
- L: Überlegt, welche Folgen die Erfindung Gutenbergs für die Verbreitung von Büchern hatte.

Umsetzung

- Die kalligrafische Umsetzung der vorausgehenden Stunde (Beschriftung des gebastelten „Papyrus“ mit einer Bibelstelle) kann in abgewandelter Form (Beschriftung eines Pergamentblattes) auch an dieser Stelle erfolgen. Die „Bibelstellen für Kalligrafie“ (**UE 12**, **B 5**) können dafür eine Hilfe sein.

Sicherung

- L: Füllt die Lücken auf AB „Von der Pergamenthandschrift zum gedruckten Buch“ (**B 2**).
  Sch bearbeiten den Lückentext (vgl. „Von der Pergamenthandschrift zum gedruckten Buch“ – Lösung **B 1**).

Hausaufgabe / Recherche

- L: Für seine Bücher brauchte Gutenberg auch Papier. Recherchiert, wie damals Papier hergestellt wurde und wer es erfunden hat. Berichtet in der nächsten Stunde. (PA)

B1

Von der Pergamenthandschrift zum gedruckten Buch

Als Schreib- und Maluntergrund wurde im Mittelalter vor allem Pergament verwendet. Pergament besteht aus Tierhaut – von Schaf, Ziege oder Kalb –, die in scharfer Kalklauge gebeizt und anschließend mit Schabeisen gereinigt wurde. Zum Schreiben benötigte man Gänsefedern, Tinte und Farben verschiedenster Art. Besonders wertvolle Texte wurden mit Gold- oder Silbertinte geschrieben. Es ist fast unvorstellbar, wie mit diesen Materialien Illustrationen von so hohem künstlerischem Rang hergestellt werden konnten.

Mehrere Pergamentblätter wurden durch zwei Holzdeckel zu Büchern zusammengeheftet. Die Holzdeckel wertvoller Handschriften wurden mit Leder, Silber- oder Kupferblech überzogen und mit Edelsteinen und massivem Gold besetzt. Auch damals waren solche Handschriften schon ein Vermögen wert.

Viele Jahrhunderte wurden die biblischen Schriften mit der Hand abgeschrieben. Viele Mönche verbrachten ihr ganzes Leben nur mit dem Abschreiben der alten Schriften. Durch kostbare Farben und kunstvoll gestaltete Buchstaben und Bilder entstanden wertvolle und einzigartige Kunstwerke. Einen Nachteil aber hatte diese Art der Verbreitung der Bibel: Nur wenige konnten sich die kostbaren Abschriften leisten, ganz abgesehen davon, dass nur eine kleine gebildete Schicht lesen konnte.

Um das Jahr 1450 machte Johannes Gutenberg in Mainz eine revolutionäre Erfindung. Er stellte bewegliche Buchstaben aus Metall her und setzte sie zu Wörtern, Sätzen und Buchseiten zusammen.

Die Erfindung der Buchdruckerkunst besteht aus einer Reihe von Einzelerfindungen. Die wichtigste Erfindung dürfte das Gießinstrument sein, mit dem Gutenberg beliebig viele bewegliche, immer wieder in neuen Kombinationen verwendbare, aus Metall gegossene Lettern herstellte. Er fand nach vielen Versuchen die richtige Zusammensetzung der Bleilegierung. Nach dem Vorbild alter Weinpressen ließ er eine hölzerne Spindelpresse anfertigen. Schließlich stellte er eine Farbe, vor allem aus Leinöl-Firnis und Ruß, zusammen, die bis heute ihre Tiefe und ihren Glanz auf den Drucken nicht verloren hat.

Von der Pergamenthandschrift zum gedruckten Buch

B2

Als Schreib- und Maluntergrund wurde im Mittelalter vor allem ____________________ verwendet. Pergament besteht aus Tierhaut – von Schaf, Ziege oder Kalb –, die in scharfer Kalklauge gebeizt und anschließend mit ____________________ gereinigt wurde.

Zum Schreiben benötigte man Gänsefedern, Tinte und Farben verschiedenster Art. Besonders wertvolle Texte wurden mit Gold- und ____________________ geschrieben. Es ist fast unvorstellbar, wie mit diesen Materialien Illustrationen von so hohem künstlerischem Rang hergestellt werden konnten.

Mehrere Pergamentblätter wurden durch zwei ____________________ zu Büchern zusammengeheftet. Die Holzdeckel wertvoller Handschriften wurden mit Leder, Silber- oder Kupferblech überzogen und mit ____________________ und massivem Gold besetzt. Auch damals waren solche Handschriften schon ein Vermögen wert.

Viele Jahrhunderte wurden die biblischen Schriften mit der ______________ abgeschrieben. Viele Mönche verbrachten ihr ganzes Leben nur mit dem Abschreiben der alten Schriften. Durch kostbare Farben und kunstvoll gestaltete Buchstaben und Bilder entstanden wertvolle und einzigartige Kunstwerke. Einen Nachteil aber hatte diese Art der Verbreitung der Bibel. Nur ____________________ konnten sich die kostbaren Abschriften leisten, ganz abgesehen davon, dass nur eine kleine gebildete Schicht lesen konnte.

Um das Jahr 1450 machte Johannes ____________________ in Mainz eine revolutionäre Entdeckung. Er stellte ____________________ Buchstaben aus Metall her und setzte sie zu Wörtern, Sätzen und Buchseiten zusammen.

Die Erfindung der Buchdruckerkunst besteht aus einer Reihe von Einzelerfindungen. Die wichtigste Erfindung dürfte das ____________________ sein, mit der Gutenberg beliebig viele bewegliche, immer wieder in neuen Kombinationen verwendbare, aus Metall gegossene Lettern herstellte. Er fand nach vielen Versuchen dazu die richtige Zusammensetzung der ________________. Nach dem Vorbild alter Weinpressen ließ er eine hölzerne ________________ anfertigen. Schließlich stellte er eine Farbe vor allem aus ____________________ und Ruß zusammen, die bis heute ihre Tiefe und ihren Glanz auf den Drucken nicht verloren hat.

Fülle die Lücken. Die Lückenwörter sind in unten stehendem grauen Kasten aufgeführt.

Silbertinte – Gutenberg – Gießinstrument – bewegliche – Bleilegierung – Pergament – Hand – Leinöl-Firnis – Edelsteinen – Holzdeckel – Spindelpresse – Schabeisen – wenige

B3

Bilder zum Buchdruck

Johannes Gutenberg

Buchdruckerei, Kupferstich von Matthias Merian, 1632

14. Interview mit einem Text *(Jg. 8–10)*

Vorbereitung

- L brennt vom „Gespräch mit einem kleinen Text" (**B 3**) eine Folie und schneidet die Smileys (**B 1, B 2, B 4**) einzeln aus.
- Zwei Schüler bereiten das „Gespräch mit einem kleinen Text" (**B 3**) vor.

Motivation / Themenfindung

- L legt die Smileys (**B 1** und **B 2**) auf.
  Zwei Sch lesen das „Gespräch mit einem kleinen Text" (**B 3**).
  L legt an der entsprechenden Stelle den Smiley **B 4** auf.
- L: Mit Texten kann man also ähnlich reden wie mit Menschen.
  Wie hat es der Schüler angestellt, mit dem Text ins Gespräch zu kommen?
  Sch z. B.: Er hat den Text begrüßt; ihm gesagt, wie er ihn findet; ihm Fragen gestellt; ihm einen Vorschlag gemacht.
- L: An einen Text kann man also Fragen stellen, wie man an einen Menschen Fragen stellen kann.

Erarbeitung

- L verteilt „Interview mit einem Text" als Folie / AB (**B 5**) (PA / GA).
  L: Lest den Text und schreibt eure Fragen an den Text in die Sprechblasen.
- Sch lesen die gefundenen Fragen vor.
  (Je nach Situation beantwortet L einige Fragen.)
- L: Hier sind noch mehr Fragen aufgelistet, die man an Texte stellen kann.
  Sch lesen „Viele Fragen an einen Text" (**B 6**).
- L: Welche Frage(n) versteht ihr nicht ganz?
- L: Welche Fragen erscheinen euch besonders wichtig? Begründet.

Vertiefung

- L: Betrachtet die Karikaturen von Ivan Steiger „Wie man mit einem Text umgehen kann" (**B 7**).
- L: Worauf machen die Karikaturen aufmerksam?

Transfer

- L: Im Deutschunterricht beschäftigt ihr euch auch mit Texten.
  Wie geht ihr dort mit Texten um?

Abschluss / Hausaufgabe

- L: In der nächsten Stunde wollen wir mit der biblischen Erzählung „Der Sturm auf dem See" (Mk 4,35–41) ein Gespräch führen. Damit die Geschichte uns etwas erzählen kann, müssen wir die richtigen Fragen stellen. Lest die Erzählung „Der Sturm auf dem See" (**B 8**) durch und stellt dazu fünf Fragen, die euch wichtig und interessant erscheinen. In der nächsten Stunde werden wir versuchen, die Fragen zu beantworten.

B1

B3

Gespräch mit einem kleinen Text

Schüler: Hallo, du da!
Text: Was willst du?
Schüler: Ich will dich verstehen.
Text: Dann frag halt, was du wissen willst.
Schüler: Du bist doch ein Text, oder?
Text: Das sieht man doch.
Schüler: Du bist aber ein kurzer Text.
Text: Es gibt eben lange und kurze Texte.
Schüler: Wer hat dich aufgeschrieben?
Text: Das weiß ich nicht, ich war immer schon da.
Schüler: Und wie heißt du?
Text: Ich heiße „Lebensregel".
Schüler: Du bist aber eine komische Lebensregel!
Text: Gefalle ich dir nicht?
Schüler: Du klingst so, als ob du auf jemanden sauer bist.
Text: Bin ich auch, ich habe im Leben schlechte Erfahrungen gemacht.
Schüler: Ich schlage dir vor, dich umzuformulieren.
Text: Was wäre dein Vorschlag?
Schüler: Was ich von anderen erwarte, das tue ich ihnen.
Text: Klingt gar nicht so schlecht!
Schüler: Siehst du, jetzt schaust du schon freundlicher aus.

B4

Interview mit einem Text

B5

Die Tempelreinigung (Mk 11,15–18)

Dann kamen sie nach Jerusalem. Jesus ging in den Tempel und begann, die Händler und Käufer aus dem Tempel hinauszutreiben; er stieß die Tische der Geldwechsler und die Stände der Taubenhändler um und ließ nicht zu, dass jemand irgendetwas durch den Tempelbezirk trug. Er belehrte sie und sagte: Heißt es nicht in der Schrift: Mein Haus soll ein Haus des Gebetes für alle Völker sein? Ihr aber habt daraus eine Räuberhöhle gemacht. Die Hohenpriester und die Schriftgelehrten hörten davon und suchten nach einer Möglichkeit, ihn umzubringen. Denn sie fürchteten ihn, weil alle Leute von seiner Lehre sehr beeindruckt waren.

Lest den Text und denkt euch Fragen aus, die ihr dem Text stellen könntet. Schreibt die Fragen in die Sprechblasen.

B6

Viele Fragen an einen Text

- Wer hat diesen Text geschrieben?
- Was für ein Mensch war der Verfasser? Ein Mann oder eine Frau? Welche Bildung und welchen Beruf hatte er/sie?
- Wo hat der Autor gelebt und wann lebte er?
- Wann wurde der Text geschrieben?
- An wen ist der Text gerichtet?
- Warum und wozu wurde der Text geschrieben?
- Von welcher Art ist der Text? Ein Bericht oder ein Gedicht oder ein Brief?
- Wie ist der Text aufgebaut?
- Gefällt mir der Text? Spricht er mich an?
- Ist der Text bekannt oder unbekannt?
- Kann man den Text leicht missverstehen?
- Was denken Menschen heute (z. B. Jugendliche), wenn sie den Text lesen?
- Was mache ich, wenn ich den Text gelesen habe?
- Hat der Verfasser noch andere Texte geschrieben?
- Wurde der Text genauso geschrieben, wie wir ihn heute in Händen haben?

B7

Wie man mit einem Text umgehen kann

Karikaturen von Ivan Steiger

Umgehen eines Textes

Bibel begießen

Der Sturm auf dem See (Mk 4,35–41)

B8

35 Am Abend dieses Tages sagte er zu ihnen [den Jüngern]: Wir wollen ans andere Ufer hinüberfahren.

36 Sie schickten die Leute fort und fuhren mit ihm in dem Boot, in dem er saß, weg; einige andere Boote begleiteten ihn.

37 Plötzlich erhob sich ein heftiger Wirbelsturm, und die Wellen schlugen in das Boot, sodass es sich mit Wasser zu füllen begann.

38 Er aber lag hinten im Boot auf einem Kissen und schlief. Sie weckten ihn und riefen: Meister, kümmert es dich nicht, dass wir zugrunde gehen?

39 Da stand er auf, drohte dem Wind und sagte zu dem See: Schweig, sei still! Und der Wind legte sich und es trat völlige Stille ein.

40 Er sagte zu ihnen: Warum habt ihr solche Angst? Habt ihr noch keinen Glauben?

41 Da ergriff sie große Furcht und sie sagten zueinander: Was ist das für ein Mensch, dass ihm sogar der Wind und der See gehorchen?

Fragen an den Text	Antworten
1. ______	
2. ______	
3. ______	
4. ______	
5. ______	

Lies die Erzählung „Der Sturm auf dem See" durch.
Stelle fünf Fragen an den Text, die dir wichtig und interessant erscheinen, und schreibe sie in die linke Spalte. In der nächsten Stunde werden wir versuchen, die Fragen zu beantworten.

15. Texte unter der Lupe – Die historisch-kritische Methode der Bibelauslegung *(Jg. 8–10)*

Vorbereitung

- L liest „Das Markusevangelium – Fragen und Antworten – Lehrerinformation" (**B 7**).
- L besorgt eine Lupe.
- L kopiert und zerschneidet den Schnippelbogen „Antworten auf die Fragen zu ‚Der Sturm auf dem See'" (**B 5**) in der Anzahl der PA-Gruppen.

Motivation / Themenfindung

- L zeigt die Lupe und das Blatt „Text" (**B 2**) oder einen beliebigen anderen Text und spielt das Lesen eines Textes mit einer Lupe in verschiedenen Varianten (schnelles, langsames, intensives, oder kritisches Lesen) möglichst anschaulich vor.
- L hängt Bild einer Lupe als Poster an TA (**B 1**) und notiert den Begriff „Text" in großer Schrift (**B 2**).
- L: Lupe und „Text" haben etwas miteinander zu tun.
  Sch entdecken die Zusammenhänge und wiederholen Elemente der **UE 14**.
- L führt in das Thema „Die historisch-kritische Methode der Bibelauslegung" (**B 3**) ein.
  Während des Vortrags notiert L die Begriffe „historisch" und „kritisch" an TA.

Begegnung

- Sch lesen die biblische Erzählung „Der Sturm auf dem See" (Mk 4,35–41) (**UE 14**, **B 8**).
- L: Ihr habt zu der Erzählung Fragen gesucht und aufgeschrieben.
  Sch lesen einige Fragen vor.

Erarbeitung

- L verteilt an PA-Gruppen AB „Der Sturm auf dem See (Mk 4,35–41) – Fragen und Antworten" (**B 4**) und den zerschnittenen Schnippelbogen „Antworten auf die Fragen zu ‚Der Sturm auf dem See'" (**B 5**).
- L: Lest die Fragen, findet unter den zerschnittenen Antworten die richtige Antwort heraus und klebt sie neben die entsprechende Frage (PA).
- Sch tauschen Ergebnisse aus (vgl. „Der Sturm auf dem See (Mk 4,35–41) – Fragen und Antworten – Lösung" – **B 6**).

Vertiefung

- L nimmt noch einmal die Lupe in die Hand und betrachtet damit den Bibeltext „Der Sturm auf dem See" (Mk 4,35–41).
  L trägt Lehrerinformation „Ein alter Text – wichtig für heute?" (**B 8**) vor.
- L legt eine künstlerische Darstellung des Seesturms als Folie / Poster auf, z. B. das Bild von Rembrandt van Rijn „Christus im Sturm auf dem See Genezareth".
  L / Sch halten einige Augenblicke Stille.

Sicherung / Hausaufgabe

- L: Notiert in Stichworten Antworten zu euren Fragen auf AB „Der Sturm auf dem See" (Mk 4,35–41) (**UE 14**, **B 8**).

B8

Ein alter Text – wichtig für heute? – Lehrerinformation

Die historisch-kritische Exegese kann viele Fragen beantworten, aber nicht alle. Besonders die Frage, ob der Text für uns heute noch wichtig ist, bleibt offen. Auch wir fahren in unserem Leben von Ufer zu Ufer und erleben manchmal „stürmische" Zeiten. Es gibt Augenblicke, in denen wir nicht mehr weiter wissen und in denen unsere Lebensangst hervorbricht. In diesen Situationen sagt uns die Geschichte von der Sturmstillung: Du darfst auch in scheinbar ausweglosen Situationen auf Hilfe hoffen, denn du sitzt mit Jesus „in einem Boot". Allerdings: Geh mit deiner Angst richtig um, denn sie entbindet dich nicht von eigener Aktivität. Mach es nicht den Jüngern nach, sei nicht feige, sei aktiv und vertraue auf Gott.

B1

B2

B3

Die historisch-kritische Methode der Bibelauslegung

Alle Fragen, die man an Texte stellen kann, kann man auf die Bibel übertragen. Das ist die Aufgabe der Exegese. Weil es aber so viele Fragen gibt, hat die Exegese **viele verschiedene Methoden** entwickelt, mit deren Hilfe sie die Fragen zu beantworten versucht.

Eine dieser Methoden ist die sog. **historisch-kritische Methode**. Das ist die zusammenfassende Bezeichnung für mehrere Methoden zur Untersuchung von Texten. „Historisch" ist diese Methode, weil sie davon ausgeht, dass jeder Text eine Geschichte hat. „Kritisch" ist sie nicht, weil sie einen Text kritisieren will, sondern weil sie davon ausgeht, dass einsichtige und verbindliche Maßstäbe für die wissenschaftliche Untersuchung von Texten angewandt werden müssen. Das bedeutet aber keineswegs, dass jeder Wissenschaftler mit seinen Untersuchungen zum gleichen Ergebnis kommen muss.

Ziel der historisch-kritischen Methode ist es, den Sinn eines Textes herauszuarbeiten, den der Verfasser zur Zeit der Entstehung des Textes zum Ausdruck bringen wollte.

Der Sturm auf dem See (Mk 4,35–41) – Fragen und Antworten

B4

Wie ist der Text aufgebaut? Wie fängt er an, wie hört er auf? Wo liegt der Höhepunkt?	
Welche „Sprache“ verwendet der Text? Was ist an seiner Gestaltung bemerkenswert?	
Ist der Text in sich abgeschlossen?	
An wen ist der Text gerichtet?	
Von welcher Art ist der Text? Ein Bericht über ein Ereignis oder eine erfundene Geschichte?	
Wie haben die ersten Leser den Text aufgenommen?	
Wurde der Text vom Verfasser selbst geschrieben?	
Warum und wozu wurde der Text geschrieben? Welches Interesse hatte der Verfasser?	

B5

Antworten auf die Fragen zu „Der Sturm auf dem See“ – Schnippelbogen

Als Markus die Erzählung in sein Evangelium einbaute, wollte er den damaligen Lesern sagen: **„Seid in Todes- und Lebensängsten nicht feige, sondern vertraut auf die Macht Gottes, die in Jesus wirkt.“**

Nachdem Jesus dann den Sturm beruhigt hat, atmen die Jünger erstaunlicherweise aber nicht erleichtert auf, **sondern geraten in Furcht vor Jesus und seiner Vollmacht**.

Die Erzählung bildet eine Einheit, die klar vom vorhergehenden und nachfolgenden Text abgegrenzt ist.

Damalige Hörer kannten das Alte Testament und erinnerten sich an den **Propheten Jona**, der bei einem Sturm von einem Wal verschluckt, aber von Gott gerettet wurde. Die Erzählung von Markus überbietet die Jonaerzählung. Nicht Gott rettet die Jünger, sondern Jesus. Jesus zeigt so, wer er ist: der **„Sohn Gottes“**.

Es wird vermutet, dass die Geschichte bereits vor Markus zu einer **Wundergeschichtensammlung** gehörte.

Die Sprache ist sehr anschaulich: die Nachtzeit, die eilige Abfahrt des Schiffes, die Begleitung durch andere Boote, der plötzliche Sturm, das sinkende Schiff, der schlafende Jesus, die Ratlosigkeit der Jünger, das wunderwirkende Wort Jesu, die große Furcht der Jünger. Sogar das Kissen im Boot wird nicht vergessen.

Die Wundererzählung entstand in einer Zeit, in der die christlichen Gemeinden klein waren. Sie will daher Menschen bewegen, sich der Gemeinde anzuschließen und hatte so **einen missionarischen Charakter**.

Die Wundergeschichte hat einen klaren Aufbau. Die Verse 35 und 36 sind eine Art Vorbereitung auf die folgenden dramatischen Ereignisse. Die Verse 37–39 bilden den dramatischen Mittelteil mit dem Bericht vom plötzlich aufkommenden Seesturm, den aufgeregten Reaktionen der Jünger und schließlich dem plötzlichen, durch Jesus herbeigeführten Ende des Sturms. Die Verse 40–41 beschließen die Wundererzählung, indem sie die Leser zum Glauben ermahnen.

Der Sturm auf dem See (Mk 4,35–41) – Fragen und Antworten – Lösung

B6

Wie ist der Text aufgebaut? Wie fängt er an, wie hört er auf? Wo liegt der Höhepunkt?	**Die Wundergeschichte hat einen klaren Aufbau.** Die Verse 35 und 36 sind eine Art Vorbereitung auf die folgenden dramatischen Ereignisse. Die Verse 37–39 bilden den dramatischen Mittelteil mit dem Bericht vom plötzlich aufkommenden Seesturm, den aufgeregten Reaktionen der Jünger und schließlich dem plötzlichen, durch Jesus herbeigeführten Ende des Sturms. Die Verse 40–41 beschließen die Wundererzählung, indem sie die Leser zum Glauben ermahnen.
Welche „Sprache" verwendet der Text? Was ist an seiner Gestaltung bemerkenswert?	Die Sprache ist sehr anschaulich: die Nachtzeit, die eilige Abfahrt des Schiffes, die Begleitung durch andere Boote, der plötzliche Sturm, das sinkende Schiff, der schlafende Jesus, die Ratlosigkeit der Jünger, das wunderwirkende Wort Jesu, die große Furcht der Jünger. Sogar das Kissen im Boot wird nicht vergessen.
Ist der Text in sich abgeschlossen?	Die Erzählung bildet eine Einheit, die klar vom vorhergehenden und nachfolgenden Text abgegrenzt ist.
An wen ist der Text gerichtet?	Die Wundererzählung entstand in einer Zeit, in der die christlichen Gemeinden klein waren. Sie will daher Menschen bewegen, sich der Gemeinde anzuschließen und hatte so **einen missionarischen Charakter**.
Von welcher Art ist der Text? Ein Bericht über ein Ereignis oder eine erfundene Geschichte?	Damalige Hörer kannten das Alte Testament und erinnerten sich an den **Propheten Jona**, der bei einem Sturm von einem Wal verschluckt, aber von Gott gerettet wurde. Die Erzählung von Markus überbietet die Jonaerzählung. Nicht Gott rettet die Jünger, sondern Jesus. Jesus zeigt so, wer er ist: der **„Sohn Gottes"**.
Wie haben die ersten Leser den Text aufgenommen?	Nachdem Jesus dann den Sturm beruhigt hat, atmen die Jünger erstaunlicherweise aber nicht erleichtert auf, **sondern geraten in Furcht vor Jesus und seiner Vollmacht**.
Wurde der Text vom Verfasser selbst geschrieben?	Es wird vermutet, dass die Geschichte bereits vor Markus zu einer **Wundergeschichtensammlung** gehörte.
Warum und wozu wurde der Text geschrieben? Welches Interesse hatte der Verfasser?	Als Markus die Erzählung in sein Evangelium einbaute, wollte er den damaligen Lesern sagen: **„Seid in Todes- und Lebensängsten nicht feige, sondern vertraut auf die Macht Gottes, die in Jesus wirkt."**

Das Markusevangelium – Fragen und Antworten – Lehrerinformation

Wer hat diesen Text geschrieben?	Der Evangelist Markus
Was für ein Mensch war (ist) der Verfasser?	Bisher ist es nicht gelungen, wissenschaftlich genau zu sagen, wer der Verfasser war. Er war sicher ein gläubiger Theologe. Nach alter, aber unsicherer kirchlicher Tradition war Markus der Dolmetscher des Petrus.
Wo hat der Autor gelebt oder wo lebt er?	Das weiß man nicht genau. Entstanden ist das Evangelium vielleicht in Rom, vielleicht aber auch in Syrien oder Galiläa.
Sind die persönlichen Lebensumstände des Verfassers für das Verständnis des Textes wichtig?	In der Fachwissenschaft ist die Frage, ob Markus Heidenchrist oder Judenchrist war, noch sehr umstritten.
Wann wurde der Text geschrieben?	Weil es im Markusevangelium Anspielungen auf die Zerstörung des Tempels in Jerusalem im Jahre 70 n. Chr. durch Kaiser Titus gibt, muss es um diese Zeit geschrieben worden sein.
An wen ist der Text gerichtet? War er gleich für eine Veröffentlichung gedacht?	Das Evangelium ist für eine Gemeinde geschrieben. Weil oft jüdisches Brauchtum erklärt wird, nimmt man an, dass es vor allem für Heidenchristen geschrieben wurde.
Warum und wozu wurde der Text geschrieben?	Weil das Evangelium deutlich zur Leidensbereitschaft aufruft, vermutet man, dass die Gemeinde Verfolgungen durch römische oder jüdische Behörden oder anderen Repressionen ausgesetzt war.
Von welcher Art ist der Text? Ein Bericht über ein Ereignis oder ein Text, der die Leser von etwas überzeugen will?	Den scheinbar historischen Rahmen des Evangeliums hat Markus in erster Linie zur Entfaltung seiner Theologie geschaffen.
Welche sprachliche Qualität hat der Text? Was ist an seiner Gestaltung bemerkenswert?	Das Evangelium ist in schlichtem und umgangssprachlichem Griechisch geschrieben. Es berichtet aus der Sicht eines „allwissenden" Erzählers in einem episodisch-anekdotischen Stil.
Wie ist der Text aufgebaut? Wie fängt er an, wie hört er auf? Wo liegt der Höhepunkt?	Das Markusevangelium ist das kürzeste Evangelium des Neuen Testaments und umfasst 16 Kapitel. Es beginnt mit der Offenbarung Jesu als Sohn Gottes bei seiner Taufe und endet mit der Verkündigung des Engels im leeren Grab. Zentrum des Wirkens Jesu ist sein unschuldiger Tod am Kreuz.
Ist der Text in sich abgeschlossen oder ist er Teil eines größeren Textes?	Dem Verfasser lagen verschiedene schriftliche Quellen vor (Wundererzählungen, Leidensgeschichte Jesu). Die hat er mit eigenständigen Quellen zu einer neuen Einheit – dem „Evangelium" – verschmolzen.
Was denke ich persönlich über den Text? Lässt er mich kalt, langweilt er mich oder finde ich ihn interessant, bemerkenswert oder sogar faszinierend?	Im Evangelium ruft Jesus vor allem Staunen und Ehrfurcht bis hin zu Bestürzung und Unverständnis hervor. Der Leser muss sich entscheiden, welcher Reaktion er sich anschließen will.
Wie haben die ersten Leser den Text aufgenommen?	Markus muss die Leute mit seinem Evangelium sehr beeindruckt haben. Matthäus und Lukas haben sein Werk als Grundlage für ihre eigenen Evangelien herangezogen.
Welche Folgen hatte der Text? Blieb er unbekannt oder wurde er in großen Auflagen weit verbreitet?	Das Markusevangelium gehörte immer zum Kernbestand des Kanons des Neuen Testaments. Allerdings gab es Zeiten, in denen es weniger geschätzt wurde als die anderen Evangelien.
Wurde der Text immer richtig verstanden oder konnte man ihn leicht missverstehen?	Die Theologie, die der Verfasser seinem Evangelium zugrundelegt, wird bis heute immer wieder neu diskutiert.
Welche Bedeutung hat der Text heute? Was könnte Menschen von heute (z. B. Jugendliche) an dem Text beeindrucken?	Es fällt besonders auf, dass Jesus in sehr menschlicher Weise dargestellt wird: Er wird zornig und traurig, hat Hunger, ist müde, herzt Kinder.
Wurde der Text von anderen Künstlern interpretiert, z. B. durch Vertonung, Illustrierung, Verfilmung?	Bei Markus steht das Leiden Jesu stark im Vordergrund. Deswegen wurde dieses Evangelium auch in der Kunst oft aufgegriffen, z. B. von Pestkreuzen und vom Isenheimer Altar.
Was mache ich mit dem Text, wenn ich ihn gelesen habe?	Diese Frage muss jeder für sich persönlich beantworten.
Hat der Verfasser noch andere Texte geschrieben?	Es sind keine weiteren Schriften dieses Autors bekannt.
Hat der Verfasser einen Teil des Textes – vielleicht verändert – irgendwo abgeschrieben oder war der Text seine ganz persönliche Schöpfung?	Markus hat zwar vorliegende Überlieferungen über Jesus übernommen, aber er war der erste, der das Leben Jesu von der Taufe bis zum Tod am Kreuz in einer chronologischen Abfolge darzustellen versuchte.
Wurde der Text genauso geschrieben, wie er heute in unseren Händen ist, oder wurde er im Laufe der Zeit (leicht oder stark) verändert?	Der Text wurde an verschiedenen Stellen verändert. So wurde der heutige Schluss des Evangeliums (Mk 16,9–20) später ergänzt.
Sind die Seiten ein Erstdruck oder ein späterer Nachdruck? Welche anderen Ausgaben gibt es und stimmen sie mit meinem Text überein?	Die beiden ältesten erhaltenen Handschriften des Markusevangeliums sind der „Codex Vaticanus" und der „Codex Sinaiticus" aus dem 4. Jahrhundert. Das sind die beiden bedeutendsten Handschriften des Neuen Testaments. Man hat beide Wort für Wort und Satz für Satz miteinander verglichen. Aus diesem Vergleich ist der Text entstanden, der heute in der Bibel steht.

16. Manchmal fühle ich mich wie Kain … – Psychologische Bibelauslegung *(Jg. 8–10)*

Vorbemerkung

Die psychologische Bibelauslegung im eigentlichen Sinn kann im Unterricht nicht umgesetzt werden. Unterricht ist keine psycholgische Praxis und keine Therapie. Lehrer, die eine entsprechende – z. B. gestaltpädagogische – Ausbildung haben, können zwar vorsichtige Schritte in diese Richtung gehen, die folgenden Bausteine versuchen jedoch lediglich, ein erstes Verstehen dieser Methode zu vermitteln.

Motivation / Themenfindung

- L zeigt Ausschnitt eines Mannes aus dem Objekt „Tischgesellschaft" von Katharina Fritsch (aus: **Folienmappe Einfach Leben 7, Bild Nr. 11**) als Folie / Poster oder hängt / legt anschließend eine Umrisszeichnung des Mannes als Poster / als Folie auf (**B 1**).
- L: Überlegt, welche Gefühle dieser Mann haben könnte.
  Vorschläge der Sch werden in den Umriss geschrieben.
- L ergänzt ggf. weitere Gefühle, z. B. Angst, Neid (**B 2**).
- L: Auch Menschen der Bibel sind Menschen mit unterschiedlichen Gefühlen: Sie hoffen, haben Angst, sind neidisch usw.
  Kennt ihr Personen der Bibel, die bestimmte Gefühle (vermutlich) gehabt haben?
  Sch bringen ihr Vorwissen ein.
- L notiert die Namen „Kain" und „Abel" zu den bisher notierten Gefühlen (**B 3**).
  L: Diese beiden Namen habt ihr schon gehört.
  Sch bringen Vorwissen ein, L ergänzt.

Überleitung

- L erläutert mithilfe der Lehrerinformationen „Die psychologische Bibelauslegung" (**B 4**).

Begegnung

- L: Eine Geschichte aus der Bibel, an der wir ablesen können, was psychologische Bibelauslegung bedeutet, ist die Geschichte von Kain und Abel im Alten Testament.
- L liest / erzählt / Sch lesen „Kain und Abel" (Gen 4,1–16).

Erarbeitung / Vertiefung

- L: Die psychologische Bibelauslegung ist etwas sehr Persönliches. Darüber kann man nicht reden wie über das Wetter. Deshalb habe ich ein AB vorbereitet, das ihr in Ruhe alleine bearbeiten sollt.
  L verteilt AB „Manchmal fühle ich mich wie Kain" (**B 5**).
  Sch bearbeiten das Blatt (EA).
- L: Wie ist es euch gegangen? Könnt ihr nun besser verstehen, dass man Kain und Abel als Kräfte betrachten kann, die im Innern des Menschen wirken?

B1

B3

Kain

Abel

B2

Angst

Trauer

Wut

Neid

B4

Die psychologische Bibelauslegung – Lehrerinformation

Die psychologische Bibelauslegung geht vor allem zurück auf das tiefenpsychologische Konzept von Carl Gustav Jung (1875–1961). Er ging davon aus, dass sich in der Tiefe der menschlichen Seele im Laufe der Jahrhunderte Symbole und Bilder gebildet haben, die für das Leben der Menschen von großer Bedeutung sind. Sie werden „Archetypen" genannt. Werden diese Bilder und Symbole richtig gedeutet, können sie zu einem heilenden und gelingenden Leben beitragen.

Für die psychologische Auslegung kann die Geschichte von Kain und Abel (Gen 4,1–16) als gutes Beispiel herangezogen werden. Ganz am Anfang der Bibel steht diese Geschichte eines Mordes. Sie macht betroffen und nachdenklich. Aber sie ist nicht nur eine alte Geschichte, sondern sie hat auch etwas mit uns zu tun. Die grundlegende Einsicht der (tiefen-)psychologischen Auslegung besteht darin, die äußerlich beschriebenen Ereignisse der Geschichte von Kain und Abel als Geschehnisse in der Seele des Menschen zu deuten. So werden Kain und Abel als Stellvertreter von gegensätzlichen Strebungen in der Seele gesehen. Kain ist das Symbol für den Drang des Menschen zu triebhafter Aggression und Zerstörung, während Abel als Symbol für bewusstes Handeln gedeutet wird.

Manchmal fühle ich mich wie Kain …

Lies die biblische Erzählung in der linken Spalte und notiere in der rechten Spalte deine Gedanken.

B5

Kain und Abel (nach Gen 4,1–16)	Meine persönlichen Gedanken
Adam schlief mit seiner Frau Eva, und sie wurde schwanger. Sie brachte einen Sohn zur Welt und sagte: „Mithilfe des Herrn habe ich einen Mann hervorgebracht." Darum nannte sie ihn Kain.	Manchmal bin ich sehr stolz auf etwas, was ich geleistet habe, z. B. …
Später bekam sie einen zweiten Sohn, den nannte sie Abel. Abel wurde ein Hirt, Kain ein Bauer.	Auf meine Geschwister bin ich eifersüchtig, wenn …
Einmal brachte Kain von seinem Ernteertrag dem Herrn ein Opfer.	Mein Gebet dreht sich nur um mich selbst. Ich brauche Gott nur dazu …
Auch Abel brachte ihm ein Opfer; er nahm dafür die besten von den erstgeborenen Lämmern seiner Herde. Der Herr blickte freundlich auf Abel und sein Opfer, aber Kain und sein Opfer schaute er nicht an. Da stieg der Zorn in Kain hoch und er blickte finster zu Boden.	Ich bin wütend auf Gott, wenn …
Der Herr fragte ihn: „Warum bist du so zornig? Warum starrst du auf den Boden? Wenn du Gutes im Sinn hast, kannst du den Kopf frei erheben; aber wenn du Böses planst, lauert die Sünde vor der Tür deines Herzens und will dich verschlingen. Du musst Herr über sie sein!"	Ab und zu gehen mir schlimme Gedanken durch den Kopf, z. B. …
Kain aber sagte zu seinem Bruder Abel: „Komm und sieh dir einmal meine Felder an!" Und als sie draußen waren, fiel er über seinen Bruder her und schlug ihn tot.	Der Wunsch jemanden zu töten, kommt in mir hoch, wenn …
Der Herr fragte Kain: „Wo ist dein Bruder Abel?" „Was weiß ich?", antwortete Kain. „Bin ich vielleicht der Hüter meines Bruders?"	Ich finde für alles, was ich tue, eine Entschuldigung, z. B. …
„Weh, was hast du getan?", sagte der Herr. „Hörst du nicht, wie das Blut deines Bruders von der Erde zu mir schreit? Du hast den Acker mit dem Blut deines Bruders getränkt, deshalb stehst du unter einem Fluch und musst das fruchtbare Ackerland verlassen. Wenn du künftig den Acker bearbeitest, wird er dir den Ertrag verweigern. Als heimatloser Flüchtling musst du auf der Erde umherirren."	Welche Folgen mein Handeln hat, erkenne ich oft zu spät und will sie nicht wahrhaben, z. B. …
Kain sagte zum Herrn: „Die Strafe ist zu hart, das überlebe ich nicht! Du vertreibst mich vom fruchtbaren Land und aus deiner schützenden Nähe. Als heimatloser Flüchtling muss ich umherirren. Ich bin vogelfrei, jeder kann mich ungestraft töten."	Bisweilen bin ich wehleidig und fühle mich überfordert, wenn ich …
Der Herr antwortete: „Nein, sondern ich bestimme: Wenn dich einer tötet, müssen dafür sieben Menschen aus seiner Familie sterben." Und er machte an Kain ein Zeichen, damit jeder wusste: Kain steht unter dem Schutz des Herrn. Dann musste Kain aus der Nähe des Herrn weggehen. Er wohnte östlich von Eden im Land Nod.	Gott steht zu mir, auch wenn ich Böses getan habe, weil …

17. Als Frau die Bibel lesen – Feministische Bibelauslegung *(Jg. 8–10)*

Vorbereitung

- L hält Ausschau nach aktuellen Beispielen von Frauen, deren Rechte missachtet werden, nach Möglichkeit von Frauen, die ihre Männer durch Gewalt verloren haben und nun Witwen sind (Bilder, Schlagzeilen, Kurzberichte).

Motivation / Themenfindung

- L stellt eine Behauptung zur Abstimmung (**B 1**). Ergebnisse werden an TA oder auf Folie notiert.
- L: Ich bin gespannt, ob ihr am Ende der Stunde genauso abstimmt.

Begegnung

- L trägt wesentliche Inhalte der Lehrerinformation „Zur damaligen Situation der Witwen" (**B 2**) vor. Während des Vortrags schreibt / hängt L „Stichworte / Wortkarten" (**B 3**) an TA.

Transfer

- L: Wie steht es heute um die Rechte der Frauen? Schaut euch die Stichworte / Wortkarten (**B 3**) an. Was hat sich heute verändert, was ist so ähnlich geblieben?
  Sch stellen Vermutungen an.
- L: Auch heute gibt es Frauen, deren Rechte missachtet werden.
  L zeigt / erzählt aktuelle Beispiele mithilfe von Bildern, Schlagzeilen, Kurzberichten.
- L: Wie ist Jesus damals unterdrückten Frauen begegnet und wie würde er heute solchen Frauen begegnen?
  Sch stellen Vermutungen an.

Erarbeitung

- L: Jesus hat einmal ein Gleichnis erzählt, in dem eine Witwe eine wichtige Rolle spielt.
  L liest / erzählt „Das Gleichnis vom gottlosen Richter und der Witwe" (Lk 18,1–8a); vgl. Erzählvorlage „Gott auch mal auf die Nerven gehen" (**B 4**).
- L verteilt an Sch-Gruppen (PA / GA) die feministische Bibelauslegung „Das Gleichnis vom gottlosen Richter und der Witwe (Lk 18,1–8a)" (**B 5**) und AB „Als Frau die Bibel lesen" (**B 6**).
  L: Lest den Infotext und bearbeitet folgende Impulse:
  - Die Witwe leistet in zweifacher Weise Widerstand …
  - Im Mittelpunkt des Gleichnisses steht …
  - Das Gleichnis deckt zwei Tatsachen auf …
  - Das Gleichnis fordert zu etwas auf …
  - Die hartnäckige Witwe wird zum Vorbild …

Auswertung / Sicherung

- Die Ergebnisse werden verglichen und auf AB „Als Frau die Bibel lesen" (**B 6**) gesichert (vgl. Lösung **B 7**).

Transfer

- L: Teilt euch auf in getrennte Mädchen- und Jungengruppen. Jede Gruppe verfasst ein Statement zur Frage: Sollen Frauen Priester werden können?

Abschluss

- Die Abstimmung vom Beginn der Stunde wird wiederholt und mit der ersten Abstimmung verglichen (**B 1**).

B1

Behauptung für eine Abstimmung

Wenn Frauen die Bibel lesen, kommen sie zu den gleichen Ergebnissen wie Männer.

B2

Zur damaligen Situation der Witwen – Lehrerinformation

Witwen waren in alttestamentlicher Zeit in einer schwierigen Lage. In einer patriarchalischen Gesellschaft, in der die Männer gegenüber den Frauen viel mehr Rechte hatten, wurden besonders die Witwen aufgrund ihrer Lage und ihres Geschlechts unterdrückt und ausgenutzt. Die materielle Versorgung der meisten Witwen war unzureichend. Die Mitgift und das vom Ehemann hinterlassene Vermögen sicherten nur wenigen Witwen den Lebensunterhalt. Die meisten Witwen waren, wenn sie überhaupt Söhne im Erwachsenenalter hatten, auf deren Unterstützung angewiesen. Alleinstehende Frauen, die außerhalb einer Familie lebten, hatten keinen Beistand, sie lebten am Rande der Gesellschaft. Aber es gab auch ein Bewusstsein dafür, dass diese Situation eigentlich ein Unrecht ist, gegen das Gott einschreitet. Der Gott der hebräischen Bibel fordert eine gerechte Rechtsprechung für Witwen.

Dtn 14,28 f.; 16,9–15; 24,17 f. 19–22; 25,5–10; 26,12 ff.; 27,19

B3

Stichworte / Wortkarten

patriarchalische Gesellschaft	**Männer: mehr Rechte**
alleinstehende Frauen	**Rand der Gesellschaft**
Gott fordert Gerechtigkeit	

B4

Gott auch mal auf die Nerven gehen (Lk 18,1–8a) – Erzählvorlage

Jesus benutzte irgendwann mal wieder einen Vergleich, um klarzumachen, dass man beim Beten auch mal rumnerven sollte und so lange durchbeten, bis Gott handelt.

„In einer Stadt lebte ein Typ, der am Gerichtshof den Job eines Richters hatte. Er war bekannt als harter Hund, dem total egal war, was Gott und die Menschen über ihn dachten.

Eine alleinstehende Frau, deren Mann vor einiger Zeit gestorben war, erhob Anklage gegen jemanden, der sie betrogen hatte. Dafür kam sie immer wieder persönlich in das Büro des Richters, um ihm zu sagen: „Bitte helfen Sie mir, zu meinem Recht zu kommen!"

Der Richter schob den Fall immer wieder beiseite. Weil die Frau aber jeden Tag auf der Matte stand und rumnervte, sagte er sich schließlich: „Also Gott und die Menschen sind mir eigentlich total egal, aber diese Alte raubt mir echt den letzten Nerv! Ich werde ihren Fall vorziehen und schnell über die Bühne bringen, damit sie mich endlich in Ruhe lässt!"

Kapiert ihr, was ich damit sagen will?", fragte Jesus.

„Wenn selbst ein solcher Richter bereit ist, so jemandem Recht zu verschaffen, dann wird Gott doch erst recht sofort zur Stelle sein, wenn seine auserwählten Leute Tag und Nacht zum Himmel schreien.

Ich garantiere euch, er wird sofort ankommen und für Recht sorgen!

http://wiki.volxbibel.com/

B5

Das Gleichnis vom gottlosen Richter und der Witwe (Lk 18,1–8a)

Feministische Bibelauslegung:

Der Witwe geschieht Unrecht

Die Witwe ist Opfer eines Mannes geworden, der ihren Erbanteil weggenommen und sie verarmt zurückgelassen hat. Mithilfe eines Richters versucht sie, sich zu wehren. Dabei wird sie zusätzlich Opfer einer ungerechten Rechtsprechung, weil der Richter sie mehrfach abgewiesen hat.

Die Witwe leistet Widerstand

Im Gleichnis leistet die Frau zweifachen Widerstand. Der besteht darin, dass sie wegen des Übergriffs vor Gericht zieht und dass sie sich vom ungerechten Richter nicht abweisen lässt. Sie kommt so häufig zurück und verhält sich dabei offensichtlich noch zusätzlich lästig, sodass der Richter sagt, sie bereite ihm Mühe. Er verschafft ihr schließlich Recht, damit die Witwe ihn nicht mehr belästigt.

Deutung des Gleichnisses

Im Mittelpunkt des Gleichnisses steht nicht der Richter, denn die Leser des Gleichnisses wissen, dass Gott ganz anders handelt als der ungerechte Richter. Der Schwerpunkt liegt auf dem Verhalten der Frau.

Sie ist kein bemitleidenswertes Opfer, sondern eine zäh kämpfende Frau, die von dem patriarchalisch denkenden Richter als potenziell gewalttätig denunziert wird.

Das Gleichnis deckt die Gewalt des patriarchalischen Denkens auf und zeigt, dass Gott auf der Seite der Opfer dieser Gewalt steht. Das Gleichnis fordert auf zum Widerstand gegen Unrecht.

Die hartnäckige Witwe wird so zum Vorbild. Ihr Gebet und ihr Schrei zu Gott gegen das erfahrene Unrecht, ihre Anstrengung, ihr Protest gegen das Unrecht und ihr Vertrauen zu Gott werden als beispielhaft für die Leser dargestellt.

Als Frau die Bibel lesen

B6

Das Gleichnis vom gottlosen Richter und der Witwe (Lk 18,1–8a)

Die Witwe leistet in zweifacher Weise Widerstand:

- ______________________________

  ____
- ______________________________

  ____

Im Mittelpunkt des Gleichnisses steht …

- ______________________________

Die Frau wird nicht als bemitleidenswertes Opfer dargestellt, sondern …

- ______________________________

Das Gleichnis deckt zwei Tatsachen auf:

- ______________________________
- ______________________________

Das Gleichnis fordert zu etwas auf …

- ______________________________

Die hartnäckige Witwe wird zum Vorbild:

- ______________________________
- ______________________________
- ______________________________

Zusammenfassung

Wenn Frauen die __________ lesen, achten sie besonders auf die Bibelstellen, wo Frauen eine besondere __________ spielen und wo die Rechte der Frauen durch die __________ Gesellschaft __________ oder unterdrückt sind. Der Gott der Bibel fordert __________ – auch für die Frauen.

Lückenwörter:

bedroht *Bibel* *Gerechtigkeit* *patriarchalische* *Rolle*

Als Frau die Bibel lesen – Lösung

B7

Das Gleichnis vom gottlosen Richter und der Witwe (Lk 18,1–8a)

Die Witwe leistet in zweifacher Weise Widerstand:

- Sie zieht wegen des Übergriffs vor Gericht.
- Sie lässt sich vom Richter nicht abweisen und kommt häufig wieder.

Im Mittelpunkt des Gleichnisses steht ...

- das Verhalten der Frau (nicht der Richter).

Die Frau wird nicht als bemitleidenswertes Opfer dargestellt, sondern ...

- als zäh kämpfende Frau.

Das Gleichnis deckt zwei Tatsachen auf:

- die Gewalt des patriarchalischen Denkens.
- Gott steht auf der Seite der Opfer dieser Gewalt.

Das Gleichnis fordert zu etwas auf ...

- zum Widerstand gegen Unrecht.

Die hartnäckige Witwe wird zum Vorbild:

- für ihr Gebet und ihr Schreien zu Gott gegen das erfahrene Unrecht.
- für ihren Protest gegen das Unrecht.
- für ihr Vertrauen zu Gott.

Zusammenfassung

Wenn Frauen die Bibel lesen, achten sie besonders auf die Bibelstellen, wo Frauen eine besondere Rolle spielen und wo die Rechte der Frauen durch die patriarchalische Gesellschaft bedroht oder unterdrückt sind. Der Gott der Bibel fordert Gerechtigkeit – auch für die Frauen.

Lückenwörter:

bedroht Bibel Gerechtigkeit patriarchalische Rolle

18. „Mit der Brille von heute" – Gegenwartskritische Bibelauslegung *(Jg. 8–10)*

Vorbereitung
- L / Sch sammeln aus Zeitungen und Zeitschriften Bilder / Schlagzeilen, die von schlimmen Ereignissen und Situationen / „Strukturen" berichten, unter denen Menschen leiden.
- L besorgt eine Brille.

Motivation / Themenfindung
- L zeigt eine Brille oder legt / hängt Bild einer Brille (**B 1**) als Folie / Poster auf.
- L schreibt / hängt Satzkarte „Einen Bibeltext liest man am besten mit einer Brille, die aus den Nachrichten der Tageszeitung gemacht ist" von Dorothee Sölle (**B 2**) neben das Bild.
  L: Erklärt mit eigenen Worten, was D. Sölle mit diesem Satz sagen will.
- L: Wir haben in der letzten Zeit Bilder / Schlagzeilen aus Zeitungen und Zeitschriften gesammelt.
  L / Sch hängen ausgeschnittene Bilder / Schlagzeilen an TA oder notieren Stichworte.
- Sch beschreiben die Bilder und / oder lesen die Schlagzeilen.
- L: Wie können diese Ereignisse und Nachrichten uns helfen, die Bibel zu lesen?
  Sch stellen Vermutungen an.
- L schreibt Stichworte der Schlagzeilen in das Brillengestell (**B 1**), vgl. Beispiel: „Gewalt in U-Bahn" oder „Tod durch Drogen" (**B 3**).

Begegnung
- L: In einem Dorf in Nicaragua (Südamerika) erfahren die Bauern am Weihnachtsfest 1972 von dem schrecklichen Erdbeben in der Hauptstadt Managua. Dieses Ereignis wird für sie zur Brille, durch die sie während der Weihnachtsmesse das Evangelium von der Geburt Jesu (Lk 2,6–7) tiefer verstehen: „Als sie dort waren, kam für Maria die Zeit ihrer Niederkunft und sie gebar ihren Sohn, den Erstgeborenen. Sie wickelte ihn in Windeln und legte ihn in eine Krippe, weil in der Herberge kein Platz für sie war." Anschließend reden die Bauern über die Bibelverse.
- Sch lesen „Ein Weihnachtsgottesdienst in Solentiname" (**B 4**) mit verteilten Rollen.

Erarbeitung
- L stellt „Fragen / Impulse und mögliche Antworten zur Erarbeitung" (**B 5**).
  L: Findet die passenden Textstellen im Text (**B 4**) und unterstreicht sie (PA).
- L: Was beeindruckt euch an der Art und Weise, wie diese Bauern über das Weihnachtsevangelium reden?

Vertiefung
- L bringt Lehrerinformationen „Priester, Poet und Politiker: Ernesto Cardenal" (**B 6**).
- L schreibt / hängt während des Vortrags Stichworte / Wortkarten an TA (**B 7**).

Transfer / Schreibgspräch
- L verteilt AB „Wer soll in der Klasse das ‚Sagen' haben?" (**B 8**).
- L: Lest den Bibeltext durch und stellt euch zwei Schüler / -innen vor, die darüber streiten, wer in der Klasse das „Sagen" haben soll. Denkt euch ein kurzes Schreibgespräch der beiden aus. Das Gespräch kann als Streit beginnen, soll aber nicht im Streit enden (stilles Schreibgespräch in PA) (**B 8**).

B1

B2

„Einen Bibeltext liest man am besten mit einer Brille, die aus den Nachrichten der Tageszeitung gemacht ist."

Dorothee Sölle

B3

Gewalt in U-Bahn	Tod durch Drogen

B4

Ein Weihnachtsgottesdienst in Solentiname

Zuerst spricht Rebecca:
Von Anfang an wählte Gott die Armut, nicht wahr? Also, ich glaube, Gott will nicht, dass seine Geburt mit großen Festessen und großem Geldausgeben gefeiert wird und auch nicht, dass die Geschäftsleute an seinem Geburtstag verdienen. Er will vielleicht, dass wir alle arm sind, nicht wahr, oder besser, dass wir alle gleich sind.

Alejandro:
Die Bibel sagt es doch ganz klar! Christus ist arm geboren worden, so arm wie der Allerärmste, ich verstehe nicht, wieso wir das nicht kapieren.

Octavio:
Der Grund ist, dass er uns zeigen wollte, keinen Reichtum zu suchen, ein großes Haus zum Beispiel, um darin seinen Sohn zu bekommen, nicht wahr? Sondern nur das Einfache, das Natürliche.

Pedro:
Jede Frau spürt einen großen Schmerz, wenn sie ein Kind zur Welt bringt. Aber wenn das Kind geboren ist, spürt sie nur noch Freude. Das verstehen die Frauen unter uns besser. Und das wird auch Maria sehr gut verstanden haben, die ihre Geburtsschmerzen in einem Stall ertragen musste. Der menschliche Schmerz hat einen Sinn, er ist für uns eine Geburt.

Rafael:
Das vorige Weihnachtsfest war eine fröhliche Weihnacht in Managua. Die Reichen hatten riesige Truthähne und herrliche Weihnachtsbäume. Ihre Wohnungen waren geschmückt und voller Lichter. Aber die armen Stadtviertel hatten nichts. Dort war das Elend noch viel größer als auf dem Land. In diesem Jahr haben die armen Stadtviertel auch nichts, aber auch die Reichen haben nichts. Der Schmerz hat uns alle gleich gemacht.

Alejandro:
Ich möchte etwas klarstellen. Wir wollen uns doch nicht freuen, weil alle gleich leiden. Das Beste ist, wenn keiner leidet, wenn alle genug haben, um an Weihnachten fröhlich zu sein. Ich sage, das Ziel ist, den Schmerz und selbst den Tod zu besiegen.

Felipe:
In einer neuen Gesellschaft, die nicht so egoistisch ist, sondern solidarisch, können Mittel und Wege gefunden werden, um sich vor Naturkatastrophen wie dem Ausbruch eines Vulkans oder einem Erdbeben zu schützen. Genau dazu kam Jesus auf die Welt. Er wurde in eine geteilte und vom Verbrechen beherrschte Gesellschaft hinein geboren, um uns zu vereinen und um diese Ordnung der Dinge zu verändern. Und daran arbeiten wir. Gott wollte, dass sein Sohn in einem Stall geboren wurde. Er wollte, dass sein Sohn zur Arbeiterklasse gehörte. Wenn Gott gewollt hätte, dass sein Sohn von einer reichen Dame geboren würde, dann hätte diese Dame ihr Zimmer in dem Hotel schon bestellt gehabt, vor allem in ihrem Zustand.

William:
Jesus wollte die Welt von solchen Ungerechtigkeiten, die heute noch immer weiter bestehen, befreien. Und er kam auch, um uns zu vereinen, damit wir gemeinsam gegen diese Ungerechtigkeiten kämpfen.

Fragen / Impulse und mögliche Antworten zur Erarbeitung

Findet die passenden Textstellen im Text (**B 4**) und unterstreicht sie.

- **Rebecca** vermutet, was Gott uns durch die arme Geburt Jesu sagen will.
  Gott will vielleicht, dass wir alle gleich sind.
- **Octavio** findet heraus, was Gott uns zeigen wollte.
  Gott wollte uns zeigen, nur das Einfache, das Natürliche zu suchen.
- Für **Pedro** hat der menschliche Schmerz einen Sinn:
  Der menschliche Schmerz hat einen Sinn, er ist für uns eine Geburt.
- **Rafael** entdeckt, welche Wirkung der Schmerz für Reiche und Arme hat.
  Der Schmerz hat uns alle gleich gemacht.
- Für **Alejandro** hat der Schmerz ein Ziel.
  Ich sage, das Ziel ist, den Schmerz und selbst den Tod zu besiegen.
- Für **Felipe** fordert die Geburt Jesu in eine ungerechte Gesellschaft zu etwas auf.
  Jesus wurde in eine geteilte und vom Verbrechen beherrschte Gesellschaft hinein geboren, um uns zu vereinen und um diese Ordnung der Dinge zu verändern.
- **William** fasst zusammen, was Jesus wollte.
  Jesus wollte die Welt von solchen Ungerechtigkeiten, die heute noch immer weiter bestehen, befreien.

B6

Priester, Poet und Politiker: Ernesto Cardenal – Lehrerinformation

Auf einer der Solentiname-Inseln, im Großen See von Nicaragua, gründete der katholische Priester, Poet und Politiker Ernesto Cardenal (geb. 1925) eine christliche, klosterähnliche Genossenschaft. Er zählt zu den wichtigsten Vertretern der Befreiungstheologie. In seinem Buch „Das Evangelium der Bauern von Solentiname" berichtet er von seinen Erfahrungen mit der Gemeinde, besonders von den Gesprächen der Gemeindemitglieder über die biblischen Lesungen während der Gottesdienste.

„In Solentiname unterhalten wir uns ganz einfach über das Evangelium. Die Auslegungen der Bauern sind oft von größerer Tiefe als die vieler Theologen, aber gleichzeitig von genauso großer Einfachheit wie das Evangelium selbst. Das darf uns nicht verwundern, denn das Evangelium, die „gute Nachricht für die Armen", wurde für sie geschrieben, für Menschen wie sie ... Die Menschen von Solentiname sind die Verfasser dieses Buches. Das heißt, sein wirklicher Verfasser ist der Geist, der ihnen ihre Worte eingab, derselbe Geist, der auch die Evangelien inspirierte ...

Jeden Sonntag werden zuerst Exemplare des Neuen Testamentes verteilt. Das heißt, an die, die lesen können, denn viele unserer Gemeindemitglieder sind Analphabeten, vor allem die älteren und diejenigen, die auf weit entfernten Inseln wohnen und nicht regelmäßig zur Schule kommen können." Dann wird aus der Bibel vorgelesen und anschließend kommen die Gemeindemitglieder zu Wort.

B7

Solentiname | **Ernesto Cardenal** (geb. 1925)

Nicaragua | **Befreiungstheologie**

Bauern/Analphabeten

Bibel = gute Nachricht für die Armen

Gespräche während der Gottesdienste

Wer soll in der Klasse das „Sagen" haben?

Schreibgespräch

B8

Lest den Bibeltext durch und stellt euch zwei Schüler/-innen vor, die darüber streiten, wer in der Klasse das „Sagen" haben soll. Denkt euch ein kurzes Schreibgespräch der beiden aus. Das Gespräch kann als Streit beginnen, soll aber nicht im Streit enden.

Mk 10,42–44

Da rief Jesus sie (die Jünger) zu sich und sagte: Ihr wisst, dass die, die als Herrscher gelten, ihre Völker unterdrücken und die Mächtigen ihre Macht über die Menschen missbrauchen. Bei euch aber soll es nicht so sein, sondern wer bei euch groß sein will, der soll euer Diener sein, und wer bei euch der Erste sein will, soll der Sklave aller sein.

Schüler 1

____

____

Schüler 2

____

____

Schüler 1

____

____

Schüler 2

____

____

Schüler 1

____

____

Schüler 2

____

____

Schüler 1

____

____

Schüler 2

____

____

19. Die Bibel ist für mich wie ... *(Jg. 5–10)*

Vorbereitung

- L besorgt eine schön gestaltete Bibel.
- L sammelt (in Schränken, auf dem Dachboden, in Werkstatt und Keller) Gegenstände / Bilder, die sich mit der Bibel vergleichen lassen, z. B. Gegenstände wie auf dem AB „Die Bibel ist für mich wie ein / eine … – Metaphernübung" (**B 3**): Brief, Glühbirne usw.
- L bereitet Tisch mit Tischdecke vor.

Motivation / Themenfindung

- Die Sch versammeln sich im Stehkreis um einen Tisch.
- L präsentiert die gesammelten Gegenstände (evtl. auch „nur" Bilder), die sich mit der Bibel vergleichen lassen. Die Mitte wird freigehalten.
- L legt die Bibel in die Mitte der Gegenstände / Bilder.
  L: Überlegt, was die Bibel und die Gegenstände gemeinsam haben könnten.
  Sch stellen Vermutungen an.
- L: Welche Bedeutung die Bibel für Menschen hat, lässt sich nicht nur durch Worte ausdrücken. Manchmal ist es leichter, ein Bild dafür zu finden.
- L zeigt beispielhaft an zwei Gegenständen auf, wie diese Gegenstände zu Metaphern für die Bibel werden können:
  Für mich ist die Bibel wie ein Brief, weil / wenn …
  Für mich ist die Bibel wie eine Glühbirne, weil / wenn …

Erarbeitung

- L: Schaut euch die Gegenstände / Bilder auf dem Tisch an und überlegt, wie man die Bibel mit diesen Gegenständen vergleichen kann.
  Sch finden Metaphern.

Vertiefung

- L: Wir hören von der Bibel im Religionsunterricht oder im Gottesdienst. Aber sonst spielt sie in unserem Leben keine große Rolle. Das muss nicht immer so sein. Es kann im Leben schwierige Situationen geben, wo die Bibel plötzlich eine ganz große Bedeutung bekommen kann.
  L liest / erzählt „Mit dem Glauben hatte ich nichts am Hut" (**B 1**) oder „Im Angesicht des Todes" (**B 2**).
  Sch reagieren spontan (nach einer Zeit der Stille).

Umsetzung

- L verteilt die Metaphernübung „Die Bibel ist für mich wie ein / eine …" (**B 3**).
- L: Findet Begründungen für die Bilder für die Bibel.
- L: Sucht nach neuen Gegenständen, die man mit der Bibel vergleichen kann. Zeichnet die Gegenstände und begründet, warum sie Bilder für die Bibel sein können.

Abschluss

- L liest die Geschichte „Bibel zu verkaufen!" (**B 4**).
  L: Was könnte die Frau wohl gesagt haben?

Alternativ

- L verteilt Bibeln an die Sch.
  L: Sucht euch **einen Satz** aus der Bibel heraus, der euch im Augenblick anspricht. Blättert in Ruhe die Seiten durch. Lest ein kurzes Stück. Blättert dann weiter und lest wieder ein Stück. Irgendwann werdet ihr auf einen Satz treffen, von dem ihr sagen könnt: Das ist ein Satz, der mir im Augenblick etwas zu sagen hat. Schreibt diesen Satz in schöner Schrift auf ein Stück Papier und bewahrt es irgendwo – mit einem Datum versehen – auf.

B1

Mit dem Glauben hatte ich nichts am Hut

Robert K. erzählt:

„Ich war zwar katholisch erzogen worden, war Ministrant, kannte die Zehn Gebote und das Vaterunser, viel mehr war aber nicht. Der einzige regelmäßige Kirchenbesuch war der Motorradgottesdienst in Schweinfurt.

Die Fragen, warum ich auf der Welt bin und welchen Sinn mein Leben hat, beschäftigten mich mehr und mehr. Da ich keine Antwort fand, ertränkte ich meine Probleme im Alkohol. Je älter ich wurde, desto öfter dachte ich an Selbstmord.

Durch meine Freundin stieß ich auf eine Antwort, die ich vorher nie in Betracht gezogen hatte: Gott. Ich begann zu ahnen, wonach ich auf der Suche war: Ich war auf der Suche nach jemandem, der immer bei mir ist, der mich nie im Stich lässt, der mir alles verzeiht. Ich war auf der Suche nach Gott, ohne es zu wissen.

Meine Freundin machte mich auch das erste Mal mit der Bibel bekannt. Je mehr ich in ihr las, um so mehr wurde mir klar, dass ich mich entscheiden musste.“

B2

Im Angesicht des Todes

Im Januar 1986 explodierte das Raumschiff Challenger kurz nach dem Start und riss sieben Männer und Frauen in den Tod. In der Bodenstation hören die entsetzten Techniker über den Lautsprecher, was sich noch in der Weltraumfähre abspielt. Mit Rücksicht auf die Familienangehörigen wurde erst nach einigen Jahren das Tonband mit den letzten Worten der Mannschaft freigegeben. Deutlich sind darauf Männerstimmen (M) und Frauenstimmen (F) zu unterscheiden:

M: Was ist passiert? Oh Gott, nein! Nein!
F: Oh, lieber Gott! (Schreie) Es ist so heiß (Schluchzen). Ich kann nicht. Sag mir nicht … Gott! Tu's jetzt!
F: Lass mich nicht so sterben. Nicht jetzt, nicht hier.
M: Dein Arm … Nein …
F: Ich verliere das Bewusstsein.
M: Noch sind wir nicht tot.
M: Wenn man sich je … Wenn ich mir je ein Wunder gewünscht habe … (Schreie).
M: Sie ist … sie ist … Verflucht!
M: Kriege keine Luft.
M/F: (Schreien) Jesus Christus! Nein!
M: Sie ist bewusstlos.
M: Die Glückliche …
M: Gott. Das Wasser. Wir sind tot! (Schreie)
F: Auf Wiedersehen. (Schluchzen) … Ich liebe euch.
M: Es wird genau wie eine Notwasserung …
M: Richtig so. Positiv denken!
M: Vorbereitung zur Notwasserung …
M: Ausgeschlossen!
M: Gib mir deine Hand.
M: Ihr da drinnen, seid ihr wach? Ich … ich …
M: Vater unser …
M: Geheiligt sei Dein Name …
M: Ihr … dort drüben?
M: Der Herr ist mein Hirte, mir wird nichts mangeln. Er weidet mich auf einer grünen Wiese … und wenn ich auch wandere im finsteren Tal, fürchte ich kein Unglück … Ich werde bleiben im Haus … Stille … Totenstille …

(Sechs Wochen später wurden Überreste der Toten gefunden. Viel später entdeckte man in den Tiefen des Ozeans Einzelteile der Weltraumfähre.)

Die Bibel ist für mich wie ein / eine … – Metaphernübung

B3

1. Findet Begründungen für die Bilder.
2. Sucht nach neuen Gegenständen, die man mit der Bibel vergleichen kann. Zeichnet die Gegenstände und begründet, warum sie Bilder für die Bibel sein können.

	weil/wenn ______		weil/wenn ______
	weil/wenn ______		weil/wenn ______
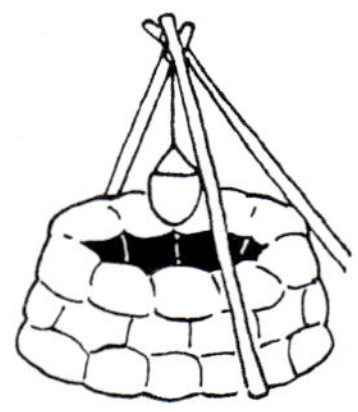	weil/wenn ______		weil/wenn ______
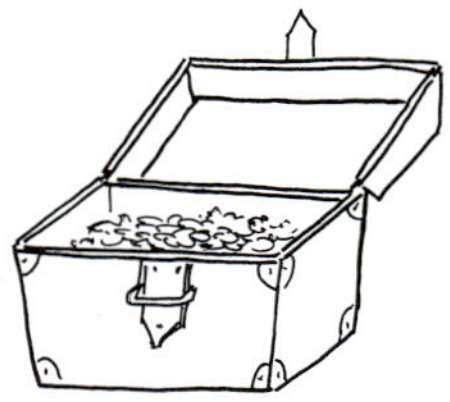	weil/wenn ______		weil/wenn ______
	weil/wenn ______		weil/wenn ______
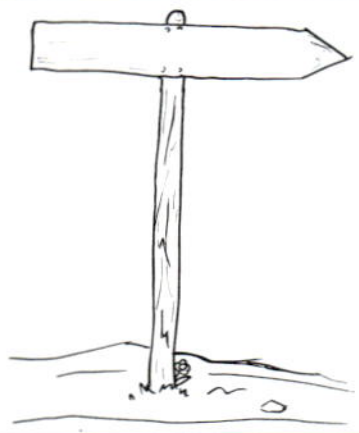	weil/wenn ______		weil/wenn ______
	weil/wenn ______		weil/wenn ______

Bibel zu verkaufen!

Gespräch auf dem Flohmarkt

Das Straßenplakat für einen Flohmarkt ganz in der Nähe bringt Marcel auf eine Idee. Wieder zu Hause sucht er seinen überflüssigen Krempel aus vergangenen Kindertagen zusammen. Nach „Pippi Langstrumpf" von Astrid Lindgren kommt ihm auch eine Bibel in die Hand, die er von seinem Paten zur Erstkommunion geschenkt bekommen hat. „Die sieht noch wie neu aus. Ich werde sie gewinnbringend verkaufen", denkt er sich und packt sie mit den anderen Sachen in den großen Karton.

Am Sonntag steht Marcel ausnahmsweise mal früh auf. Sein Vater fährt ihm die zwei großen Kartons zum Flohmarkt. Auf dem zugewiesenen Platz breitet Marcel auf einem großen Tuch seine Schätze aus. Bald kommen die ersten Besucher. Die Carrera-Bahn geht als Erstes weg. Als Marcel das Geld kassiert, denkt er plötzlich: „Eigentlich schade! Oder hätte ich sie behalten sollen?" Als nächstes entdeckt ein Junge das Buch von Astrid Lindgren. Er blättert ein wenig herum und legt es wieder hin. So geht es weiter. Nach und nach verkauft Marcel einige Hörspielkassetten und Spielzeugautos. Auch die Bibel nehmen einige Erwachsene in die Hand, blättern freundlich lächelnd darin herum und legen sie wieder hin.

Am späten Nachmittag hat Marcel schon 30 Euro zusammen. Einiges ist liegen geblieben, auch die Bibel. Kurz bevor Marcel den Rest wieder einpacken will, kommt noch eine ältere Dame vorbei. Sie schaut sich um und nimmt dann die Bibel in die Hand. Die Bilder scheinen ihr zu gefallen. Schließlich blättert sie die erste Seite auf. Auf der leeren linken Seite sind einige Wort mit Hand geschrieben. „Bist du der Marcel, dem dieses Buch geschenkt wurde?" fragt die Frau freundlich. Marcel wird verlegen: „Ja ja, der bin ich." Und dann sagt die Frau etwas, was Marcel etwas beschämt, an das er sich später aber immer wieder gerne erinnert.

20. „Dieser Bibelvers trifft mich." – Die Erfindung des Bibel-Teilens *(Jg. 5–10)*

Vorbemerkung

Für das Bibel-Teilen hat sich eine Abfolge von sieben Schritten in Kleingruppen durchgesetzt. Das Bibel-Teilen in dieser Form direkt im RU umzusetzen, ist schwierig, bei Verfügbarkeit geeigneter Gruppenleiter aber u.U. möglich. Daher wird diese „normale" Schrittfolge hier in Kurzform angeführt (**B 1**).
Diese UE schlägt eine abgwandelte, didaktisch konkretisierte Form des Bibel-Teilens vor.

Vorbereitung

- Zwei Sch bereiten das „Interview mit Bischof Fritz Lobinger" (**B 3**) vor.
- L wählt einen Bibeltext in einer ansprechenden Übersetzung aus (z. B. Einheitsübersetzung, Gute Nachricht Bibel, Volkxbibel usw., vgl. http: // www.bibleserver.com / bzw. http: // wiki.volxbibel.com /).
- L vergrößert und zerschneidet den Bibeltext in Streifen, z. B.: „Das Gleichnis vom Sämann (Mk 4,1–9)" (**B 4**).
- L besorgt für jede Sch-Gruppe (4–5 Sch) ein farbiges Tuch.

Motivation / Themenfindung

- L legt Karikatur „Wir sollten mit ihm zum Kinderpsychologen gehen" als Folie auf (**UE 1, B 5**).
  L: Diese Karikatur kennt ihr schon. Aber vielleicht seht ihr sie heute anders als zu Beginn unserer Beschäftigung mit der Bibel.
  Sch nehmen Stellung.
- L: Bis heute gehört für viele Menschen das Lesen in der Bibel zu ihrem Alltag.

Alternativ

- L erzählt „Ein Mitarbeiter von ‚missio' berichtet" (**B 2**).

Begegnung

- Zwei Sch tragen das „Interview mit Bischof Fritz Lobinger" (**B 3**) mit verteilten Rollen vor.
  Sch nehmen Stellung.

Umsetzung – Bibel-Teilen

- L: Ich lade euch ein, das Bibel-Teilen in einer abgewandelten Form auszuprobieren.
- L: Teilt euch in Gruppen von 4 bis 5 Schülern auf.
- L: Verteilt die Streifen mit den Bibelversen in der richtigen Reihenfolge unter euch und breitet das Tuch in der Mitte aus (**B 4**).
- L: Lest ganz langsam der Reihe nach die Bibelverse auf den Streifen vor. Nach dem Vorlesen eines Streifens wird eine kleine Pause eingehalten und der Streifen auf das Tuch in der Mitte gelegt.
- L: Wenn alle Textstreifen auf dem Tuch liegen, überlegt jeder in Ruhe, welcher Streifen ihn im Augenblick besonders anspricht und liest „seinen" Abschnitt noch einmal vor.
- Danach werden die AB „Dieser Bibelvers trifft mich." verteilt (**B 5**).
  Jeder bearbeitet in Ruhe sein Blatt (EA).
- L: Lest die fertigen Blätter euren Gruppenmitgliedern vor und vergleicht eure Antworten.

Abschluss

- L spricht aus der Situation heraus ein freies (Dank-)Gebet.

B1

Die 7 Schritte des Bibel-Teilens (urspr. gospel-sharing)

Schritt 1: Einladen
Wir werden uns bewusst, dass Jesus Christus in seinem Wort in unserer Mitte ist.

Schritt 2: Lesen
Alle haben den Bibeltext vor sich. Einer liest den Text langsam vor. Der Text kann auch Satz für Satz der Reihe nach von allen gelesen werden.

Schritt 3: Verweilen
Wir lassen das Gehörte in uns nachklingen. Jeder wiederholt laut einen Satz, einen Halbsatz oder ein Wort, der/das ihm wichtig erscheint. Zwischen jeder Äußerung wird eine kurze Stille gehalten.

Schritt 4. Schweigen
Nun schweigen wir für einige Minuten und lassen den Text zu uns sprechen.

Schritt 5: Sich mitteilen
Wir tauschen uns darüber aus, was uns berührt hat. Welches Wort hat uns persönlich angesprochen? Wir hören einander zu und diskutieren nicht.

Schritt 6: Handeln
Wir überlegen zusammen, auf welche ganz praktischen Ideen uns der Text bringt. Was wollen wir als Nächstes erledigen? Welches Wort nehmen wir mit in unseren Alltag?

Schritt 7: Beten
Wir danken Gott in einem kurzen Gebet.

B2

Ein Mitarbeiter von „missio" berichtet

Ein Mitarbeiter von missio berichtet von folgendem Erlebnis, das er 1984 in Amalinda/Zimbabwe/Südafrika gemacht hat:
„Nahe der Küste am Indischen Ozean liegt das Amalindatal. Zufällig hörte ich von einer kleinen Gemeinschaft, die dort gemeinsam die Felder bearbeitet und die Ernte miteinander teilt. Diese Gemeinschaft interessierte mich, und ich ging hin, um sie zu besuchen. Es war an einem Montagnachmittag. Wir saßen zusammen in einer kleinen Hütte. Sechs Männer und sechs Frauen der Gemeinschaft waren anwesend. Wir hockten auf Ziegelsteinen, alten Brettern und Pflügen. Sie erzählten mir, dass die ganze Gemeinschaft eigentlich aus 25 Personen besteht, aber nicht alle können zu den wöchentlichen Treffen kommen.
Einer der Männer schlug die Bibel auf und las daraus vor. Einige andere hatten auch eine Bibel. Eine Textstelle wurde mehrfach von verschiedenen Leuten gelesen. Dann wählten diejenigen, die eine Bibel besaßen und lesen konnten, ein Wort oder einen kurzen Satz des Textes aus, wiederholten diesen und ließen jeweils ein paar Augenblicke der Stille folgen. Eine andächtige Atmosphäre und großer Friede erfüllte den kleinen Raum. Nach einigen Minuten des Schweigens begannen die Mitglieder der Gruppe, sich über die Worte, die sie gehört hatten, auszutauschen. Jeder trug irgendetwas dazu bei. Selbst diejenigen, die nicht lesen konnten, teilten sich über ein Wort oder einen Satz mit, der sie angerührt hatte. Sie standen nicht etwa auf, um zu predigen. Sie sagten vielmehr: „Dieses Wort hat mich betroffen gemacht." – „Dieser Satz enthält eine Botschaft für mich." – „Dieser Text gibt mir Hoffnung …"
Und dann beteten viele von ihnen mit eigenen Worten. Diese Gebete kamen aus ihren Herzen und wurden nicht aus einem Gebetbuch abgelesen. Ich saß mitten unter diesen Menschen und hörte ihnen zu. Nachdem sie, wie sie sagten, die Bibel gebetet hatten, besprachen sie ihre alltäglichen landwirtschaftlichen Probleme.

B3

Interview mit Bischof Fritz Lobinger

Der aus Deutschland stammende südafrikanische Bischof Fritz Lobinger (Aliwal) ist einer der Erfinder des Bibel-Teilens. Matthias Holluba sprach mit Bischof Lobinger anlässlich eines Besuches in Dresden.

Frage: Herr Bischof, wie ist das Bibel-Teilen entstanden?

Lobinger: Viele Christen denken, wenn es um die Bibel geht, können sie nicht mitreden, weil sie dafür nicht gebildet genug sind. Wir haben deshalb eine Methode für den Umgang mit der Bibel gesucht, bei der alle mitmachen können. Das Bibel-Teilen entstand aus den verschiedenen Erfahrungen, die es in Südafrika im Umgang mit der Bibel gab. Das Wichtigste ist die Grundidee: Jeder kann die Bibel lesen.

Frage: Sie sagten, für das Bibel-Teilen ist kein Vorwissen notwendig. Ist ein solches Herangehen an die Bibel angesichts der bibelwissenschaftlichen Erkenntnisse nicht problematisch?

Lobinger: Diese Frage wird mir in Deutschland immer gestellt. Ich habe selbst unzählige Male das Bibel-Teilen mitgemacht, da kam nie ein solches Problem auf. Natürlich können Fragen auftauchen. Wichtig ist der Grundsatz: Wir kommentieren nicht. Jeder sagt, was für ihn wichtig ist. Und auch wenn ich denke, das ist verkehrt, und wenn ich schockiert bin: Es wird nicht kommentiert. Das ist wichtig, damit keiner Angst hat, etwas zu sagen. Jeder muss sagen können, was er spürt. Und die anderen müssen das respektieren.

Frage: Was hat sich, seitdem Sie in Ihrem Bistum das Bibel-Teilen praktizieren, verändert?

Lobinger: Wenn ich die Gemeinden besuche, versuche ich immer auch am Bibel-Teilen teilzunehmen. Die Leute sollen sehen, dass mir als Bischof das wichtig ist. Und wenn ich dann frage, warum Bibel-Teilen ihnen wichtig ist, sind die Antworten immer die gleichen. Die erste Antwort ist: Wir haben die Bibel kennengelernt. Und die zweite: Jetzt trauen wir uns, über unseren Glauben zu sprechen. Wir haben keine Angst mehr, etwas Falsches zu sagen. Wir sind Kirche – dieses Bewusstsein ist gewachsen.

B4

Das Gleichnis vom Sämann (Mk 4,1–9)

1. Ein andermal lehrte er wieder am Ufer des Sees und sehr viele Menschen versammelten sich um ihn. Er stieg deshalb in ein Boot auf dem See und setzte sich; die Leute aber standen am Ufer.

2. Und er sprach lange zu ihnen und lehrte sie in Form von Gleichnissen. Bei dieser Belehrung sagte er zu ihnen:

3. Hört! Ein Sämann ging aufs Feld, um zu säen.

4. Als er säte, fiel ein Teil der Körner auf den Weg und die Vögel kamen und fraßen sie.

5. Ein anderer Teil fiel auf felsigen Boden, wo es nur wenig Erde gab, und ging sofort auf, weil das Erdreich nicht tief war;

6. als aber die Sonne hochstieg, wurde die Saat versengt und verdorrte, weil sie keine Wurzeln hatte.

7. Wieder ein anderer Teil fiel in die Dornen und die Dornen wuchsen und erstickten die Saat und sie brachte keine Frucht.

8. Ein anderer Teil schließlich fiel auf guten Boden und brachte Frucht; die Saat ging auf und wuchs empor und trug dreißigfach, ja sechzigfach und hundertfach.

9. Und Jesus sprach: Wer Ohren hat zum Hören, der höre!

„Dieser Bibelvers trifft mich."

Die Erfindung des Bibel-Teilens

B5

Etwas verstehe ich an dem Gleichnis nicht …

Der Sämann ist kein wirklicher Bauer, sondern ein Symbol. Er steht für …

Die Körner, die von den Vögeln gefressen wurden, sind ein Bild für Menschen, die …

Das Gleichnis vom Sämann (Mk 4,1–9)

Ein andermal lehrte er wieder am Ufer des Sees und sehr viele Menschen versammelten sich um ihn. Er stieg deshalb in ein Boot auf dem See und setzte sich; die Leute aber standen am Ufer. Und er sprach lange zu ihnen und lehrte sie in Form von Gleichnissen. Bei dieser Belehrung sagte er zu ihnen: Hört! Ein Sämann ging aufs Feld, um zu säen. Als er säte, fiel ein Teil der Körner auf den Weg und die Vögel kamen und fraßen sie. Ein anderer Teil fiel auf felsigen Boden, wo es nur wenig Erde gab, und ging sofort auf, weil das Erdreich nicht tief war; als aber die Sonne hochstieg, wurde die Saat versengt und verdorrte, weil sie keine Wurzeln hatte. Wieder ein anderer Teil fiel in die Dornen und die Dornen wuchsen und erstickten die Saat und sie brachte keine Frucht. Ein anderer Teil schließlich fiel auf guten Boden und brachte Frucht; die Saat ging auf und wuchs empor und trug dreißigfach, ja sechzigfach und hundertfach. Und Jesus sprach: Wer Ohren hat zum Hören, der höre!

Die Körner, die in die Dornen fielen, sind ein Bild für Menschen, die …

Die Körner, die auf guten Boden fielen, sind ein Bild für Menschen, die …

Das Gleichnis macht betroffen, weil …

Der Text gibt mir Hoffnung, weil …

Nachdem ich das Gleichnis gelesen habe, werde ich angeregt, etwas zu tun, z. B. …

21. Biblische Texte kreativ gestalten *(Jg. 5–10)*

Vorbemerkung

Es bietet sich an, die Beschäftigung mit der Bibel mit einer besonderen kreativen Gestaltung, einem kleinen Projekt oder einer Aktion abzuschließen.

Übermalen biblischer Darstellungen

Bei der Technik des Übermalens werden fertige Bilder mit unterschiedlichen Materialien übermalt. Ein bekannter Vertreter dieser Richtung ist der österreichische Maler Arnulf Rainer (geb. 1929). (In der **Folienmappe zu Einfach Leben 6, Bild Nr. 3** (Ernst Klett Verlag GmbH 978-3-12-003043-0) sind Bilder und weitere Erläuterungen enthalten.

Zum Übermalen gut geeignet sind z. B. die Bibelillustrationen von Gustave Doré. Dorés Bilder bieten eine große biblische Motivvielfalt. Sie sind in guter Qualität über das Internet leicht verfügbar, in Schwarz-Weiß gehalten und können, wenn sie vor dem Druck noch etwas aufgehellt werden, gut übermalt werden. Internetadressen: http://catholic-resources.org/Art/Dore.htm und http://www.gutenberg.org/files/8710/8710-h/8710-h.htm

Das Übermalen ist ein Weg, sich ein Bild anzueignen. Vielleicht haben Sch am Anfang eine Scheu, ein fertiges Bild zu übermalen, es kann aber auch eine Erleichterung sein, nicht vor einem weißen Blatt zu sitzen, sondern bereits etwas vorzufinden.

Mögliche Materialien zum Übermalen sind z. B. Wachsmalstifte, Temperafarben, Wasserfarben, Fensterfarben, dazu Pinsel, Lappen, Wasser usw.

L können **verschiedene Bilder** für die Übermalung anbieten:

(L: Schaut euch die ausgelegten Bilder in Ruhe an und wählt dann das Bild aus, das euch anspricht.)

L kann aber auch **nur ein bestimmtes Bild** zum Übermalen vorgeben:

(L: Nehmt euch Zeit zum Betrachten des Bildes.

L: Was spricht euch an, was gefällt euch an dem Bild?

L: Gibt es im Bild etwas, das ihr nicht versteht?

L: Habt ihr etwas, was auf dem Bild zu sehen ist, so ähnlich oder auch ganz anders schon selbst einmal erlebt?

L: Erinnert euch das Bild an etwas in eurem Leben? Notiert ein paar Stichworte, die euch spontan einfallen.)

L macht die unterschiedlichen Arten und Ziele des Übermalens bewusst, z. B.:

- Etwas, was auf dem Bild zu sehen ist, kann **vollständig zugedeckt** werden,
- was zugedeckt worden ist, kann **mit etwas Neuem übermalt** werden,
- das Vorhandene kann (nur) **teilweise** abgedeckt oder verändert werden,
- die vorhandene farbliche Gestaltung („Stimmung“) kann durch **neue Farben** verändert werden,
- einzelne **Details** können hervorgehoben und verändert werden,
- das **Umfeld** von Details kann verändert werden.

Am Ende des Übermalens schaut jeder sein Bild noch einmal an:

L: Was gefällt dir an deinem übermalten Bild?

L: Was war dir wichtig beim Übermalen?

L: Wenn du an das ursprüngliche Bild denkst und jetzt das übermalte Bild siehst, was fällt dir auf?

L: Gib deinem übermalten Bild einen neuen Titel.

Bibeltexte schwärzen

Eine Bibelstelle wird kopiert und auf ein größeres Blatt – z. B. DIN A3 – geklebt. Mit schwarzer Kreide bzw. Wachsmalkreide oder mit schwarzem Edding wird alles gestrichen („geschwärzt“), was im Augenblick als nicht so wichtig erscheint. Übrig bleiben die Sätze oder die Worte, die gerade am bedeutsamsten sind. Diese Methode können auch mehrere Sch gleichzeitig an einem Text umsetzen (GA).

Akrostichon

Das Akrostichon (griech.) steht für eine Schreibform, bei der man ein Wort (oder einen Satz) in der Vertikalen (von oben nach unten) schreibt. Dann beginnt man mit jedem Buchstaben ein neues Wort oder einen neuen Satz, der das Thema, das mit dem senkrechten Wort/Satz umrissen wird, entfaltet, z. B.

A **A**ufgebrochen
B **B**ist du,
R Voller **R**isiko,
A **A**ber im Vertrauen auf Gott
H **H**ast du
A **A**lle Wege beschritten und sie geschafft!
M **M**öge Gott den Menschen, die ich liebe, ebenso beistehen wie dir!

Wie im Beispiel können die gefundenen Wörter auch einen durchgängig lesbaren Text (ein „freies Gedicht“) ergeben.

Projekt „Bibel-Plakate"

Die Diözese Trier hat 2003 zum Jahr der Bibel eine Plakataktion gestartet, die ausgewählte Bibelzitate durch Fotos umsetzt (zwei Beispiele siehe **B 1**). Weitere Informationen unter dem Stichwort „Bibel-Plakate": http://cms.bistum-trier.de/bistum-trier/Integrale?SID=CRAWLER&MODULE=Frontend&ACTION=ViewPage&Page.PK=147

Diese Plakate können Impulse sein für eigene Versuche der Sch: Jeder Sch/jede Sch-Gruppe wählt einen (kurzen) biblischen Text/Vers aus und überträgt ihn in attraktiver Schrift auf ein Plakat (z. B. DIN A2).

Um den Bibeltext/-vers herum wird ein Plakat frei gestaltet, z. B. durch Überschrift/Titel, Foto(s) aus Zeitungen/Zeitschriften/Internet oder selbst aufgenommene Fotos, freie kreative Gestaltung. Die fertigen Plakate werden zu einer Ausstellung (Schule, Kirche) zusammengestellt.

Austellung „Bilder beleuchten die Bibel" – Bibelverse in (Kunst-)Bildern umsetzen

Bilder(sammlungen) können als Ausgangsmaterial dafür dienen, um nach Bibelversen zu suchen, die durch die Bilder beleuchtet und gedeutet werden. Sehr geeignet dafür sind die Bilder der Folienmappen zu Einfach Leben 5–9/10 (vgl. Zusammenstellung im Anhang). Sch suchen zu den Bildern je einen passenden Bibelvers. Umgekehrt können auch zu einer vorgegebenen Bibelverssammlung (im Internet u. a. Konfirmationsspüche) deutende Bilder gesucht werden. Bilder und die stark vergrößerten Bibelverse (Verhältnis 1:1) werden zu einer Ausstellung zusammengestellt.

Projekt „Jesus an der Ruhr"

Schüler einer 10. Klasse am Elsa-Brandström-Gymnasium in Oberhausen haben im Rahmen eines Projekts Szenen aus dem Leben und Sterben Jesu in ihrer Lebenswelt „nachgestellt" und fotografiert. Schilderungen, wie die Jugendlichen das gemacht haben, und auch die Fotos selbst sind im Internet zugänglich („Jesus an der Ruhr") und können zu ähnlichen biblischen Fotoprojekten anregen. Siehe auch: wiki.rpi-virtuell.net/index.php/Jesus_an_der_Ruhr und http://arssacre.rpi-virtuell.net/artothek/arssacra/raum_01/info_jar01.htm

B1

22. Witze zum Thema Bibel *(Jg. 5–7)*

Werbevertrag

Kommt ein Unterhändler von Coca-Cola in den Vatikan und bietet 100 000 $, wenn das „Vaterunser" geändert wird, dass es heißt: „Unser täglich Coke gib uns heute". Der Sekretär lehnt kategorisch ab. Auch bei 200 000 und 500 000 $ hat der Vertreter keinen Erfolg. Er telefoniert mit seiner Firma und bietet schließlich 10 Millionen. Der Sekretär zögert, greift dann zum Haustelefon und ruft den Papst an: „Chef, wie lange läuft der Vertrag mit der Bäckerinnung noch?"

Biblische Predigt

Ein Pfarrer hatte vor seiner ersten Predigt Lampenfieber. Er fragte den Apotheker, was er dagegen tun könnte. Der Apotheker rät ihm, vor dem Spiegel zu üben und zur Beruhigung einen Schnaps zu trinken und zwar immer dann, wenn er das „Zittern" bekäme. Nachdem der Pfarrer 17-mal gezittert hatte, bestieg er die Kanzel. Nach Beendigung der Predigt verließ der Pfarrer unter anhaltendem Beifall die Kanzel und fragte den Apotheker, was er von seiner Predigt hielt. Der Apotheker lobte den Pfarrer und erklärte ihm aber, dass er leider sechs Fehler begangen habe:

1. Eva hat Adam nicht mit der Birne verführt, sondern mit dem Apfel.
2. Kain hat Abel nicht mit der Maschinenpistole erschossen, sondern er hat ihn erschlagen.
3. Jesus ist nicht an der Kreuzung überfahren worden, sondern er ist an das Kreuz geschlagen worden.
4. Dann war es nicht der warmherzige Bernhardiner, sondern der barmherzige Samariter.
5. Außerdem heißt es nicht: „Sucht mich nicht in der Unterführung" sondern: „Führe mich nicht in Versuchung."
6. Und zum Schluss heißt es nicht „Prost", sondern „Amen".

Biblische Quizfragen

- Was ist der Name Gottes? Ernst Groß. In der Bibel steht: „Wer mich mit Ernst anruft, wird erhört werden. Denn mein Name ist groß."
- Wer war der erste Dichter? Nebel, denn es steht geschrieben: „Dichter Nebel lag auf der Erde."
- Was war das erste Auto? Der Ford, es steht geschrieben: „Sie sündigten in einem fort."
- Lehrer: „Wo lebte der Prophet Elija?"
  Nicole: „In der Wüste."
  „Richtig. Und wie nennt man die Männer, die sich von der Welt zurückziehen und alles dem lieben Gott opfern?"
  Nicole: „Wüstlinge."
- Welchen Beruf Jesus gehabt hat? Student natürlich – bis dreißig daheim gewohnt und wenn er was getan hat, war's ein Wunder.
- Wer war der erste Torhüter? Noah! Gott sprach: „Noah, geh in den Kasten, ich lass stürmen."
- Wer war die erste Fußballmannschaft? Jesus und seine Jünger, denn in der Bibel steht: „Jesus stand im Tor von Nazareth und seine Jünger standen abseits."

Bibelverkäufer

Ein Priester wird beauftragt, in einer Woche 500 Bibeln in einem kleinen Dorf zu verkaufen. Schafft er es nicht, wird er gefeuert. Der Priester macht sich also ans Werk. Nach vier Tagen hat er aber erst zwei Bibeln verkauft. Völlig niedergeschlagen sitzt er in der Kirche und denkt nach, wie er die 498 restlichen Bibeln verkaufen kann, als plötzlich ein kleiner Junge eintritt, der dem Priester helfen möchte. Der Priester gibt dem Jungen die 498 Bibeln. Nach drei Stunden kommt der Junge wieder und möchte noch mal 500 Bibeln verkaufen. Fragt der Priester ganz verdutzt: „Ja, wie hast du denn all die Bibeln so schnell verkauft?" Sagt der Junge: „Ich habe gesagt, entweder lese ich ihnen die Bibel vor, oder sie müssten sie kaufen."

Hilfe, mein Sohn möchte Christ werden!

Ein jüdischer Rabbi war verzweifelt, denn sein Sohn hatte sich entschieden, die Religion zu wechseln. Er wollte Christ werden. In seiner Not rief der Rabbi zu Gott: „Herr, du musst mir helfen, mein Sohn möchte Christ werden!" Darauf Gott: „Sei nicht betrübt, auch mein Sohn ist Christ geworden!" Der Rabbi voll Verwunderung: „Und, was hast du dann gemacht?" – „Ich habe ein neues Testament geschrieben!"

Bootsfahrt auf dem See Genezareth

Am See Genezareth gibt es Boote zu mieten, zum Spazierenfahren für fromme Pilger und (vielleicht etwas weniger fromme) Touristen.

„Was kostet der Spaß?", fragt ein interessierter Reisender.

„40 Euro die Stunde."

„Das ist ja ganz schön happig!"

„Aber bedenken Sie: Dies ist der See, auf dem schon Jesus selbst gewandelt ist!"

„Na, kein Wunder bei den Preisen …!"

Vorwort Bilder	W. Rieß/R. Schlereth, Einfach Leben, Ausgabe S, Lehrerband mit CD-ROM, 5./6. Schuljahr, Stuttgart (Klett) 2012 (= Lehrerband EL RS S 5/6)
1 – B 1	Lehrerband EL RS S 5/6
1 – B 2	Lehrerband EL RS S 5/6
1 – B 8 Bild Flaschenpost	W. Rieß/R. Schlereth, Einfach Leben, Ausgabe für Realschulen in Bayern, Schülerbuch, 9. Jahrgangsstufe, Stuttgart (Klett) 2009 (= Schülerbuch EL RS BY 9)
2 – B 1	Schülerbuch EL RS BY 9
3 – B 1	W. Rieß/R. Schlereth, Einfach Leben, Ausgabe S, Schülerbuch, 5./6. Schuljahr, Stuttgart (Klett) 2011 (= Schülerbuch EL RS S 5/6)
3 – B 7	Schülerbuch EL RS BY 9 und Folienmappe 9 Bild 13
4 – B 2	Schülerbuch EL RS S 5/6
5 – B 4	W. Rieß/R. Schlereth, Einfach Leben, Ausgabe für Realschulen in Bayern, Lehrerband, 5. Schuljahr, Stuttgart (Klett) 2004 (= Lehrerband EL RS BY 5)
7 – B 5	Lehrerband EL RS S 5/6
8 – B 7	Lehrerband EL RS S 5/6
8 – B 1	Lehrerband EL RS BY 5
9 – B 1	W. Rieß/R. Schlereth, Einfach Leben, Ausgabe für Realschulen in Bayern, Schülerbuch, 5. Jahrgangsstufe, Stuttgart (Klett) 2007 (= Schülerbuch El RS BY 5)
9 – B 2	Lehrerband EL RS BY 5
11 – B 7	Schülerbuch EL RS S 5/6
12 – B 1	http://nibis.ni.schule.de/~hsgoethe/uma/kl10b/kkkkk/sv7jo7k0.jpg
12 – B 2–3	Lehrerband EL RS S 5/6
13 – B 3	Schülerbuch EL RS S 5/6
14 – B 7	Lehrerband EL RS BY 5
16 – B 1	W. Rieß/J. Ruf/R. Schlereth, Einfach Leben, Folienmappe, 7. Schuljahr, Donauwörth (Auer) 2003 (= Folienmape EL 7) **Oder** W. Rieß/R. Schlereth, Einfach Leben, Ausgabe für Realschulen in Bayern, Lehrerband, 9. Schuljahr, Stuttgart (Klett) 2010 (= Lehrerband EL RS BY 9)
18 – B 1	Lehrerband EL RS BY 9
18 – B 3	Lehrerband EL RS BY 5
19 – B 1	Projektbüro „neu anfangen" (Hg), andererseits. Menschen aus Schweinfurt und Umgebung erzählen von anderen Seiten des Lebens, Schweinfurt 1993
20 – B 3	Schülerbuch EL RS BY 9
21 – B 1	Folienmape EL 6

Verwendete Abkürzungen:

W. Rieß / R. Schlereth, Einfach Leben, Ausgabe für Realschulen in Bayern, Schülerbuch, 5. Jahrgangsstufe, Stuttgart (Klett) 2007 (= Schülerbuch El RS BY 5)

W. Rieß / R. Schlereth, Einfach Leben, Ausgabe für Realschulen in Bayern, Lehrerband, 5. Schuljahr, Stuttgart (Klett) 2004 (= Lehrerband EL RS BY 5)

W. Rieß / R. Schlereth, Einfach Leben, Ausgabe für Realschulen in Bayern, Schülerbuch, 9. Jahrgangsstufe, Stuttgart (Klett) 2009 (= Schülerbuch EL RS BY 9)

W. Rieß / R. Schlereth, Einfach Leben, Ausgabe für Realschulen in Bayern, Lehrerband, 9. Schuljahr, Stuttgart (Klett) 2010 (= Lehrerband EL RS BY 9)

W. Rieß / R. Schlereth, Einfach Leben, Ausgabe S, Schülerbuch, 5. / 6. Schuljahr, Stuttgart (Klett) 2011 (= Schülerbuch EL RS S 5 / 6)

W. Rieß / R. Schlereth, Einfach Leben, Ausgabe S, Lehrerband mit CD-ROM, 5. / 6. Schuljahr, Stuttgart (Klett) 2012 (= Lehrerband EL RS S 5 / 6)

W. Rieß / J. Ruf / R. Schlereth, Einfach Leben, Folienmappe, 7. Schuljahr, Donauwörth (Auer) 2003 (= Folienmape EL 7)

5. Jahrgangsstufe (978-3-12-003042-3)

1. Gruppenbild von allen Schülern einer Schule (Foto)
2. Ein Frosch in der Hand eines Menschen – „Leben lassen“ (Fotostillleben)
3. Zieh weg aus deinem Land! (Filmszenenfoto)
4. Abraham und Lot (Filmszenenfoto)
5. Abraham und Sarah (Filmszenenfoto)
6. Anita Rée – Teresina
7. Zur Ruhe kommen (Fotostillleben)
8. Erdfunkstelle Fuchsstadt – „Auf Empfang“
9. Martin Schongauer – Christi Geburt
10. Rembrandt – Jesus
11. Jesus wird abgelehnt (Filmszenenfoto)
12. Baustil Romanik: St. Michaelskirche Fulda; Baustil Gotik: Kölner Dom
13. Baustil Barock: Kirche von Ottobeuren; Baustil modern: Kirche in Ronchamp
14. Kind im Müll unter einer Decke (Foto)
15. Missioplakat 1985 – „Kinderwelten“
16. Beate Heinen – Das Gleichnis vom Barmherzigen Samariter I
17. Beate Heinen – Das Gleichnis vom Barmherzigen Samariter II
18. Pedro Almanzar „Mein Zuhause ist die Straße“ – „Ich muss betteln“ (Buchillustrationen)

6. Jahrgangsstufe (978-3-12-003043-0)

1. Christo und Jeanne-Claude – Verhüllte Küste
2. Caspar David Friedrich – Morgen im Riesengebirge
3. Arnulf Rainer – Mose vor dem brennenden Dornbusch
4. Sieger Köder – Elija am Horeb
5. Hildegard von Bingen – Die wahre Dreiheit in der wahren Einheit
6. Römische Segelschiffe
7. Römisches Reich – Ausbreitung des Christentums (Karte)
8. Legende der Kreuzesvision des Kaisers Konstantin (Miniatur)
9. Salvador Dalí – Die Beständigkeit der Erinnerung oder Die zerrinnende Zeit
10. Keith Haring – Medien-Gewalt
11. Karl Hofer – Der Rufer
12. Sederabend und Sedermahl am Paschafest
13. Mauerspecht an der Berliner Mauer (Foto)
14. Heißluftballone (Foto)
15. Salvador Dalí – Meditative Rose
16. Walter Uihlein – Symbole im Märchen „Frau Holle“
17. Ulrich Martini – Es begab sich zu der Zeit
18. Rembrandt – Auferstehung Christi

7. Jahrgangsstufe (978-3-12-003705-7)

1. Salvador Dalí – Das Abendmahl (Ausschnitt)
2. Schatzkammer Evangeliar (Aachen) – Die vier Evangelisten (Buchmalerei)
3. Edward Hicks – Das Königreich des Friedens
4. Willy Fries – Das große Gastmahl
5. Jeff Wall – A fight on the Sidewalk
6. Frauen aus Kabul (Foto)
7. Türkische Speisen und Getränke (Foto)
8. Freitagsgebet in der Moschee (Foto)
9. Große Moschee in Damaskus – Innenansichten (Foto)
10. Die Kaaba in Mekka (Foto)
11. Katharina Fritsch – Tischgesellschaft (Detailansicht)
12. Thomas Ruff – Porträt S. Buch
13. Gefangener Vogel im Netz (Foto)
14. Jonathan Borofsky – Man walking to the sky (Großplastik)
15. Ugo Rondinone – Heyday (Skulptur)
16. Bildschnitzer Lothar Bühner (Foto)
17. Innenansicht der evangelischen Kirche St. Johannes in Regensburg; Innenansicht (Ikonostase) der orthodoxen Kirche Hl. Maria Magdalena in Darmstadt
18. Uwe Pfeifer – Tischgespräch mit Luther

8. Jahrgangsstufe (978-3-12-004306-5)

1. Katharina Fritsch – Mann und Maus
2. Wahrsagerin (Foto)
3. René Magritte – Das Reich der Lichter
4. a. Pflegebedürftiger Mensch (Foto)
   b. Alte Menschen (Foto)
5. Vincent van Gogh – Der gute Samariter
6. a. Jugendlicher (Junge) (Foto)
   b. Jugendliche (Mädchen) (Foto)
7. Mädchen hinter einer Hecke (Diamontage)
8. Roy Lichtenstein – Hopeless
9. Tefillin, Tallit, Zizit und Kippa (Foto)
10. Ernst Alt – Jude mit Tora
11. Stubenfliege (Foto)
12. Oskar Schlemmer – Tierparadies
13. Duane Hanson – Young Worker
14. Rien Poortvliet – Maria – Ankündigung der Geburt Jesu
15. Himmelstreppen (Fotomontage)
16. Beate Heinen – Noch leuchtet der Stern
17. Eugène Burnand – Am Morgen der Auferstehung
18. Thomas Zacharias
    a. Jesus sendet den Heiligen Geist, 1963
    b. Aussendung des Geistes, 1966
    c. Pfingsten, 1992

9./10. Jahrgangsstufe (978-3-12-004466-6)

1. Marc Chagall – Der Läufer
2. Bernd Krüerke – Kain
3. Walter Habdank – Noah
4. Marc Chagall – Job im Gebet
5. Thomas Zacharias – Inkarnation
6. Caspar David Friedrich – Eismeer
7. Stanley Spencer – Christus in der Wüste – Die Henne
8. Hattigamana Uttarananda – Jesus Portrait
9. Edvard Munch – Der Schrei
10. Pablo Picasso – Die weinende Frau
11. Ken Oosterbroek – Wehklagende Frau
12. Beate Heinen – Der sinkende Petrus
13. Hieronymus Bosch – Der Aufstieg der Seligen
14. Andrea Mantegna – Maria
15. Arnulf Rainer – Maria
16. Raffael – Sixtinische Madonna
17. Meinrad Dufner – Patchwork family
18. Salvador Dalí – Paar – Kopf voller Wolken